AF197455

Das Wärmepumpen Handbuch für Einsteiger

Die Welt der Wärmepumpen einfach und verständlich erklärt

Thomas Pichler

Das Wärmepumpen Handbuch für Einsteiger
© 2024 Thomas Pichler

Herausgeber: RBM Publishing
Autor: Thomas Pichler
Umschlaggestaltung: Daniela Patricia Brenner
Buchsatz: Daniela Patricia Brenner
Lektorat: Katrin Niedermann

ISBN: 978-3-903505-17-9 (Ebook)
          978-3-903505-18-6 (Taschenbuch)
          978-3-903505-19-3 (Hardcover)

Das Werk, einschließlich seiner Teile, ist urheberrechtlich geschützt. Jede Verwendung ist ohne Zustimmung des Herausgebers unzulässig. Dies gilt insbesondere für die elektronische oder sonstige Vervielfältigung, Übersetzung, Verbreitung und öffentliche Zugänglichmachung.

Inhaltsverzeichnis

1.Vorwort   **6**

2.Ein bisschen Geschichtswissen für Interessierte   **7**

3.Überzeugende Gründe für eine Wärmepumpe   **14**

4.Die grundlegenden Bauteile einer Wärmepumpe   **19**

5.Welche Arten von Wärmepumpen es gibt und wie
diese arbeiten   **23**

    Die Luft-Wasser-Wärmepumpe   24

    Die Luft-Luft Wärmepumpe   26

    Die Sole-Wasser-Wärmepumpe   28

    Die Wasser-Wasser-Wärmepumpe   30

    Spezielle Formen von Wärmepumpen   32

6.Ihre Wärmepumpe als Klimaanlage   **40**

7.Sonderanwendungen von Wärmepumpen   **45**

    Geothermische Wärmepumpen in der Landwirtschaft   45

    Eis-Speicher-Wärmepumpen   51

8.Welche Voraussetzungen an Gebäude und Grundstück
erfüllt sein müssen   **54**

    Die nachträgliche Installation einer Wärmepumpe im Altbau   57

9.Diese Kosten entstehen beim Einbau und dem Betrieb
einer Wärmepumpe   **61**

    Die Kosten für den nachträglichen Einbau einer Wärmepumpe   64

10. Wichtige Kennzahlen einer Wärmepumpe   **68**

Jahresarbeitszahl JAZ   68

Leistungszahl COP   71

Wirkungsgrad   72

11. Kostenersparnis und Möglichkeiten zur weiteren Kostensenkung   **74**

12. Praxisbeispiele von Wärmepumpenprojekten in verschiedenen Anwendungsbereichen   **76**

Wohnhaus-Anlagen   76

Gewerbekomplex   77

Industrielle Anwendung   79

Landwirtschaftliche Nutzung   80

13. Erfahrungsberichte von Nutzern und Fachleuten   **82**

Erfahrungsberichte von Hausbesitzern   82

Erfahrungsberichte von Fachleuten   88

14. Evaluierung von Kosten, Nutzen und Effizienz in realen Szenarien   **94**

Die Evaluierung   94

Szenario: Nachträglicher Einbau einer Luft-Wasser-Wärmepumpe in einem Einfamilienhaus   96

Szenario: Umstellung auf eine Wärmepumpe in einem mittelgroßen Unternehmen   99

Szenario: Einbau einer Wärmepumpe in einem neuerrichteten Einfamilienhaus   101

15. Zukunftsperspektiven und Forschungsausblick   **105**

16. Planung ist die halbe Miete – eine neue Wärmepumpe soll einziehen!   **110**

Vor der Anschaffung   110

Vor dem Einbau   113

Die Inbetriebnahme 116

17.Die Lebensdauer einer Wärmepumpe 118

18.Wie man die Effizienz der Wärmepumpe erhöhen kann 121

Effizienz bei extremen Temperaturen 121

Ordnungsgemäße Dämmung des Hauses 123

Regelungstechnik und Smart-Home-Integration 124

Die Wichtigkeit von Vorlauftemperatur und Druck 129

Regelmäßige Wartung und Kontrolle 131

Soll ich die Wärmepumpe über Nacht abschalten oder die Temperatur absenken? 133

Wann sich ein Extra-Zähler lohnt 135

19.Interview mit einem Wärmepumpen-Installateur 138

20.Exklusives Bonusmaterial 144

21.Haftungsausschluss 145

22.Urheberrecht 145

23.Impressum 146

Vorwort

Fossile Energieträger sind längst rückläufig. Viele Stimmen aus Fachkreisen sind sich darüber einig, dass erneuerbare Energien unsere Zukunft sind. Eine Möglichkeit, diese nutzbar zu machen und für den menschlichen Bedarf zu erschließen, besteht in der Wärmepumpentechnologie. Luft, Erdwärme und Grundwasser stehen uns zur Verfügung – wir müssen sie nur klug nutzen. Zur Endlichkeit der Heizstoffe Gas und Öl kommt noch hinzu, dass die zuverlässige Verfügbarkeit aufgrund globaler Konflikte nicht mehr jederzeit garantiert werden kann. Des Weiteren haben CO_2-Emissionen erhebliche Auswirkungen auf die Umwelt und das Klima.

In jüngster Zeit gewinnt eine Wortneuschöpfung an Bedeutung, wenn es um Zukunftsfähigkeit geht: Enkeltauglichkeit.

Damit ist gemeint, dass es jetzt noch in unserer Hand liegt, welche Welt wir unseren Kindern und Enkelkindern einmal hinterlassen wollen. Die Entscheidung für eine Wärmepumpe ist eines von vielen Mosaikteilchen, aus dem sich das Gesamtbild der zukünftigen Welt formen wird.

Packen wir es an – für eine Erde, die auch in 200 Jahren oder darüber hinaus lebenswert statt lebensfeindlich sein wird!

Ein bisschen Geschichtswissen für Interessierte

Die **österreichische Geschichte** der Wärmepumpe reicht weiter zurück, als man vermuten mag. Sie begann vor über 170 Jahren im Jahre 1853. Hier startet unsere kleine Zeitreise.

Wir befinden uns in Ebensee. Der Österreicher Peter von Rittinger beschäftigt sich intensiv mit der Holzknappheit, welche durch das Verdampfen der Sole in der Ebenseer Saline entstand. Holzreiche Gebiete der Umgebung waren bereits komplett abgeholzt und die Anlieferung von Nachschub wurde immer aufwändiger und teurer. Zu seiner Person ist bekannt, dass er als studierter Physiker und Mathematiker 1845 die Konstruktion des Spitzkastens und 1849 den Kontinuierlichen Querstoßherd einführte. Doch zurück ins Jahr 1853. Im Hinblick auf den Salzsiedeprozess entwickelte er ein „Abdampfverfahren", welches er zum Patent anmeldete. Das Verfahren, das auf den Erkenntnissen der Forscher Nicolas Léonard Sadi Carnot, William Thomson und Jacob Perkins basierte, sollte 80 Prozent Energie gegenüber dem herkömmlichen Eindampfprozess mit Holz einsparen.

Nicolas Léonard Sadi Carnot war ein französischer Ingenieur, welcher 1824 die präzise Beziehung zwischen Temperatur und Arbeit erkannte. Der Brite William Thomson, besser bekannt als 1. Baron Kelvin, konnte 1852 nachweisen, dass Kältemaschinen eher zum Heizen als zum Kühlen eingesetzt werden können. Der US-amerikanische Maschinenbauer und Erfinder Jacob Perkins erbaute 1834 die erste Dampfkompressionsmaschine.

Die „Anlage zum Abdampfen der Salzsole" ist noch heute als erste Wärmepumpe bekannt. 1856 wurde mit dem Bau eines Versuchsapparates begonnen und 1857 ging dieser Prototyp namens „Dampfpumpe" in Betrieb. Dies war der weltweite erste Einsatz

7

einer „Wärmepumpe" und Peter von Rittinger gilt bis heute als Schöpfer der Wärmepumpe.

Die **weltweit** erste Sole-Wasser-Wärmepumpe wurde bereits im 19. Jahrhundert eingeführt. Der schwedische Physiker und Ingenieur Baltzar von Platen entwickelte gemeinsam mit dem Ingenieur Carl Munters die erste Sole-Wasser-Wärmepumpe im Jahr 1923. Diese Wärmepumpe wurde als Absorptionswärmepumpe konzipiert und nutzte eine Sole (eine Mischung aus Wasser und einem Frostschutzmittel wie Glykol) als Wärmeträgermedium, um Wärme aus der Umgebung zu absorbieren und an das Heizsystem zu übertragen.

Die 1930er waren vor allem von der Weiterentwicklung geprägt. Wissenschaftler und Ingenieure begannen damit, Konzepte und Prototypen von Wärmepumpen zu erforschen und zu entwickeln. Ebenfalls wurden verschiedene Wärmequellen wie Luft, Wasser und Erdwärme untersucht, um zu sehen, ob sie zur Wärmeerzeugung genutzt werden können. Die Verwendung von Wärmepumpen war begrenzt und hauptsächlich auf industrielle Anwendungen beschränkt. Sie wurden beispielsweise in Lebensmittelverarbeitungsbetrieben zur Kühlung oder Gefrierung von Lebensmitteln eingesetzt. Einige Gebäude, insbesondere größere

Einrichtungen wie Hotels oder Krankenhäuser, begannen ebenfalls, Wärmepumpen zur Heizung oder Kühlung zu nutzen, obwohl diese Anwendungen noch relativ selten waren.

Die Entwicklung von Wärmepumpen war eng mit den Fortschritten in der Kältetechnik verbunden. Die gleichen Prinzipien, die
für die Kühlung von Lebensmitteln verwendet wurden, wurden
auf die Heizung von Gebäuden übertragen. Die ersten Wärmepumpen basierten oft auf den gleichen Komponenten wie Kühl-
schränke und Klimaanlagen, einschließlich Kompressoren, Kon-
densatoren und Verdampfern.

Die weitere Entwicklung in den 1940er Jahren war durch die Auswirkungen des Zweiten Weltkriegs auf Fortschritte in der Technologie geprägt: Forschungs- und Entwicklungsarbeiten wurden
in vielen Bereichen intensiviert, um militärische Bedürfnisse zu
erfüllen. Dies führte auch zu Verbesserungen auf dem Gebiet der
Wärmepumpentechnologie, insbesondere im Hinblick auf Effizienz, Materialien und Herstellungsmethoden. Neue Konzepte
wurden erforscht, um die Effizienz zu steigern und die Anwendungsbereiche zu erweitern. Die Zusammenarbeit zwischen Wis-
senschaftlern, Ingenieuren und Industrievertretern trug zum Vo-
ranschreiten der Technologie bei.

Die Entwicklung der ersten Wasser-Wasser-Wärmepumpe ist mit
dem schwedischen Ingenieur Carl Richard Nyberg verbunden.
Dieser entwarf und baute 1945 die erste Wasser-Wasser-Wärmepumpe, die er als „Nyberg-Wärmepumpe" bezeichnete. Diese bahn-
brechende Entwicklung markiert einen wichtigen Meilenstein in
der Geschichte der Wärmepumpentechnologie. Die Nyberg-Wärmepumpe nutzte Grundwasser als Wärmequelle und Wärmeträgermedium. Sie zog das Grundwasser durch einen Brunnen oder
ein Bohrloch an und lenkte es durch einen Wärmetauscher, wo
es die Wärme aus dem Erdreich aufnahm. Das erwärmte Wasser wurde dann durch das Heizsystem des Gebäudes geleitet, um

9

dieses zu heizen. Anschließend wurde das abgekühlte Wasser zurück in den Boden oder ein anderes Gewässer abgeführt. Die Entwicklung der Nyberg-Wärmepumpe legte den Grundstein für die Nutzung von Wasser als Wärmequelle für Wärmepumpen und ebnete den Weg für weitere Entwicklungen auf diesem Gebiet. Wasser-Wasser-Wärmepumpen sind heute eine bewährte und effiziente Technologie zur Heizung und Kühlung von Gebäuden, insbesondere in Gebieten mit Zugang zu geeigneten Wasserquellen wie Grundwasser, Seen oder Flüsse.

Eine weitere interessante Phase fand in den 1950er Jahren statt. Technologische Fortschritte, wirtschaftliches Wachstum und ein zunehmendes Interesse an energieeffizienten Heiz- und Kühlsystemen sorgten dafür, dass Wärmepumpen zunehmend Einzug in Wohngebäude hielten, vor allem in Regionen mit gemäßigtem Klima. Sie wurden als effiziente Alternative zu herkömmlichen Heizsystemen wie Öl- oder Gasheizungen betrachtet und fanden insbesondere in Neubauten und modernisierten Wohnanlagen Verwendung.

Vier Dekaden später in den 1990er Jahren erlebte die Wärmepumpentechnologie eine bedeutende Entwicklung und Verbreitung durch verschiedene technologische Fortschritte, Umweltbewusstsein und staatliche Anreize zur Förderung erneuerbarer Energien. Die Einführung der Inverter-Technologie ermöglichte eine variable Leistungsanpassung und verbesserte die Energieeffizienz der Systeme in Wärmepumpen erheblich. Die Leistung Inverter-gesteuerter Wärmepumpen konnte sich je nach Bedarf dynamisch anpassen, was zu einer höheren Effizienz und einem geringeren Energieverbrauch führte. Neue Kältemittel wurden entwickelt und eingeführt, die umweltfreundlicher waren und ein geringeres Potenzial für die Zerstörung der Ozonschicht hatten. Diese Kältemittel trugen also dazu bei, die Umweltverträglichkeit von Wärmepumpen zu verbessern. Wärmepumpen wurden immer häufiger als effiziente und umweltfreundliche Heiz- und Kühllösung angesehen. Die steigenden Energiekosten und das wachsende Umweltbewusstsein führten dazu, dass Verbraucher und Unternehmen vermehrt auf Wärmepumpen umstiegen. Diese steigende Nachfrage bewirkte auf dem Markt ein verstärktes Angebot und eine größere Vielfalt an Modellen und Systemen. Hersteller investierten vermehrt in die Entwicklung und Produktion von Wärmepumpen, um dem Trend gerecht zu werden.

Die 2000er Jahre markierten eine Phase der Konsolidierung und Weiterentwicklung für die Wärmepumpentechnologie. Verschiedene technologische Fortschritte wurden erzielt, die zu einer vermehrten Verbreitung und Verbesserung von Wärmepumpen beitrugen. Innovationen in der Kompressor- und Wärmetauscher-Technologie führten zur Verbesserung der Effizienz von Wärmepumpen. Höhere COP-Werte (Coefficient of Performance) wurden erreicht, wodurch der Energieverbrauch und die Betriebskosten sanken. Die Inverter-Technologie wurde weiter verbessert und weit verbreitet eingesetzt. Inverter-gesteuerte Wärmepumpen konnten ihre Leistung dynamisch anpassen, um den tatsächlichen Heiz- und Kühlbedarf zu optimieren. Daraus resultierte eine noch höhere Energieeffizienz. Zunehmende Integration von Smart-Home-Technologien in Wärmepumpen ermöglichte den Benutzern, ihre Heiz- und Kühlsysteme über das Internet oder mobile Apps zu steuern und zu überwachen. Dies verbesserte die Benutzerfreundlichkeit und ermöglichte eine genauere Kontrolle der Wärmepumpenleistung.

Die Nachfrage nach Wärmepumpen stieg stetig an: Zunehmend setzten Verbraucher und Unternehmen auf energieeffiziente und dadurch kostensparende sowie umweltfreundliche Heiz- und Kühllösungen. Die Verbreitung von Wärmepumpen erreichte auch auf internationaler Ebene ein neues Niveau. In vielen Ländern weltweit wurden Programme und Initiativen zur Förderung von Wärmepumpen eingeführt, um den Übergang zu erneuerbaren Energien und die Reduzierung von Treibhausgasemissionen zu unterstützen. Die Integration von erneuerbaren Energien wie Solar- und Geothermie in Wärmepumpensysteme wurde intensiver erforscht und weiterentwickelt. Hybrid-Systeme, die Wärme-pumpen mit anderen erneuerbaren Energietechnologien kombi-nieren, gewannen an Bedeutung.

In den 2010er Jahren wurden Wärmepumpen kontinuierlich ef-fizienter. Fortschritte in der Kompressor-Technologie, optimierte Wärmetauscher und verbesserte Regelungssysteme ermöglichten höhere Leistungsfaktoren und somit eine weitere Senkung des Energieverbrauchs. Die Verbreitung von Wärmepumpen erreich-te in den 2010er Jahren neue Höchststände. Die Integration von Wärmespeichern in Wärmepumpensysteme wurde intensiver er-forscht.

Die Kombination von Wärmepumpen mit thermischen Spei-chern ermöglichte eine bessere Nutzung erneuerbarer Energien und eine verbesserte Systemflexibilität. Diese Jahre waren ge-prägt von bedeutenden Fortschritten in Effizienz, Integration er-neuerbarer Energien und der Verbreitung von Wärmepumpen auf globaler Ebene. Die Wärmepumpentechnologie etablierte sich weiterhin als eine der führenden Lösungen für effizien-te und umweltfreundliche Gebäudeheizung und -kühlung und spielte eine wichtige Rolle im Übergang zu einer nachhaltigeren Energieversorgung.

Für die kommenden Jahre ist zu erwarten, dass die Verbreitung von Wärmepumpen weiter zunehmen wird, da Länder weltweit verstärkt Maßnahmen zur Reduzierung von Treibhausgasemis-sionen ergreifen und den Übergang zu saubereren und nach-haltigeren Energiequellen vorantreiben. In den 2020er Jahren können wir möglicherweise auch Fortschritte in der Entwicklung umweltfreundlicherer Kältemittel sowie eine verstärkte Integra-tion von Wärmepumpen in intelligente Energie- und Gebäude-systeme sehen. Gesellschaftliche Trends wie die zunehmende Elektrifizierung und Dekarbonisierung des Wärmesektors sowie der Ausbau von erneuerbaren Energien könnten sich auf die Entwicklung und Verbreitung von Wärmepumpen auswirken. Die Digitalisierung und Automatisierung spielen sicherlich ebenfalls eine größere Rolle, da Wärmepumpensysteme zunehmend mit intelligenten Steuerungssystemen und dem Internet der Dinge integriert werden, um den Energieverbrauch weiter zu optimieren. Das Internet der Dinge (IoT) bezieht sich auf die Vernetzung von physischen Geräten, Maschinen, Sensoren und anderen Objekten mit dem Internet und untereinander. Diese vernetzten Objekte können Daten sammeln, austauschen und verarbeiten, um verschiedene Aufgaben zu erfüllen oder Prozesse zu steuern, ohne menschliche Interaktion."

Überzeugende Gründe für eine Wärmepumpe

Viele Menschen zögern noch, sich von ihrer vertrauten Öl- oder Gasheizung zu verabschieden, um sich neuen Technologien zuzuwenden. Ein Stück weit liegt das sicherlich in der Natur des Menschen:

Was über einen langen Zeitraum hinweg immer auf die gleiche Art bewältigt wurde, wird nur ungern verändert. Lesen Sie in den kommenden Zeilen, warum es sich aus verschiedenen Perspektiven lohnt, sich von den herkömmlichen Heizmethoden zu verabschieden und sich auf neues Terrain zu wagen.

Frei verfügbare Energieträger

Es gibt Wärmepumpen in vier verschiedenen Ausführungen, die wir uns in Kapitel Vier näher ansehen werden. Eine Gemeinsamkeit sei aber schon an dieser Stelle erwähnt: Egal, für welches Modell Sie sich entscheiden, eine Wärmepumpe nutzt stets einen Energieträger, der schon seit Urzeiten existiert – sei es Luft, Grundwasser oder Erdwärme. Der Zweck der Wärmepumpe besteht darin, diese altbekannten Ressourcen für wohltemperierte Wohnräume zu nutzen und angenehm warmes Leitungswasser aufzubereiten.

Deutliche Reduktion der CO2-Emissionen

Öl- oder gasbetriebene Heizungen stoßen eine enorme Menge an CO_2 aus. Diese Emissionen sind der Hauptgrund für die globale Erwärmung, die den Planeten Erde zunehmend bedroht. Mit dem Betrieb einer Wärmepumpe sparen Sie bis zu 2.620 Kilo CO_2 jährlich ein – bei einer Betriebsdauer von 20 Jahren ergibt sich daraus eine CO_2-Reduktion von gut 52 Tonnen.

Begrenzte Verfügbarkeit von fossilen Energieträgern

Fossile Energieträger sind Substanzen, die sich aus den Resten prähistorischer Pflanzen und Tiere gebildet haben. Im Laufe der Zeit wurde dieses Material durch Druck und Hitze unter Schichten von Erde und Felsen in Kohlenwasserstoffe umgewandelt. Kohle, Erdöl und Erdgas sind die drei Haupttypen fossiler Energieträger.

Wie man sich denken kann, handelt es sich hierbei um eine große Menge Energie und eine äußerst wichtige Ressource, die in unserem täglichen Leben und in der weltweiten Energieinfrastruktur eine große Rolle spielt.

Obwohl wir zum jetzigen Zeitpunkt über reichlich fossile Energie verfügen, so ist diese Quelle endlich. Aktuelle Prognosen deuten darauf hin, dass sie bei unserem derzeitigen hohen Verbrauch schon im Laufe dieses Jahrhunderts erschöpft sein könnten.

Hinzu kommt, dass fossile Energieträger als Hauptverursacher des Klimawandels gelten, da ihre Verbrennung große Mengen an Treibhausgasen (insbesondere Kohlendioxid CO_2) freisetzt. Die Förderung und der Transport dieser Energieträger sorgen zusätzlich für Luft- und Ölverschmutzung.

Vielseitigkeit

Wärmepumpen können sowohl für die Raumheizung als auch für die Warmwasserbereitung eingesetzt werden. Durch ihre Anpassungsfähigkeit eignen sie sich für verschiedene Anwendungen, sei es in Wohngebäuden, Gewerbegebäuden oder industriellen Einrichtungen.

Kostenersparnis

Hohe Rechnungen für Gas- beziehungsweise Heizöl gehören der Vergangenheit an, sobald die Wärmepumpe in Ihrem Haus oder auf Ihrem Grundstück installiert ist. Auch wenn eine Wärmepumpe eine externe Energiequelle in Gestalt von Elektrizität benötigt, entstehen viel geringere Kosten, als Sie es von ihrer Öl- oder Gasrechnung kennen.

Auch der Besuch des Schornsteinfegers erübrigt sich, da eine Wärmepumpe ohne Verbrennungsvorgänge funktioniert. Somit gehört ein Schornstein und die damit verbundenen Reinigungs- und Instandhaltungsarbeiten der Vergangenheit an. Natürlich kommen Sie um die Anschaffungskosten nicht umhin, doch die eingesparten Heizkosten machen den Kaufpreis mit der Zeit wieder wett.

Wärmepumpen kosten langfristiger weniger als Gasheizungen und sind klimaschonender

Das Kopernikus-Projekt Ariadne aus Deutschland führte eine Studienanalyse zum Thema Heizkosten und Treibhausgasemissionen in Bestandswohngebäuden auf Basis der GEG-Novelle 2024 durch.

Bei der Entscheidung für ein neues Heizsystem spielen demnach heutzutage neben den anfallenden Investitions- und Installationskosten auch zukünftig anfallende Betriebskosten und CO_2-Emissionen eine große Rolle, da sie erheblichen Einfluss auf die Wirtschaftlichkeit der getätigten Investition haben.

Ariadne-Forschende bemühten sich, die Kosten für verschiedene Heiztechniken in bestehenden Wohngebäuden über einen Zeitraum von zwanzig Jahren zu berechnen, unter Berücksichtigung zukünftiger Energieträgerpreise sowie der voraussichtlichen CO_2-Preisentwicklung. Das Ergebnis: Wenn Sie jetzt in einen Heizungstausch investieren, so sind Wärmepumpen und Fernwärme nicht nur klimaschonender, sondern langfristig auch kostengünstiger als das Heizen mit Gas.

Im Fraunhofer-Institut für Solare Energiesysteme ISE legten Forschende mit Fokus auf Bestandswohngebäude ebenfalls überzeugende Gründe für eine Wärmepumpe dar. Sie betrachteten die anfallenden Kosten für den Austausch von Heizsystemen und bewerteten die Emissionen der verschiedenen Technologien.

Als Ergebnis schneiden Wärmepumpen in Einfamilienhäusern nicht nur als umweltfreundlichster, sondern auch als wirtschaftlichster Energieträger ab. Durch den zusätzlichen Einsatz einer Photovoltaik- oder Solaranlage können die Gesamtkosten sogar gesenkt werden.

In Mehrfamilienhäusern ist die Umstellung ebenfalls günstiger als beispielsweise eine erneuerte Gasheizung. Dasselbe Ergebnis zeigt sich sogar beim Einbau von Wärmepumpen oder Fernwärme bei un- oder teilsanierten Altbauten – trotz höherer Verbrauchs- und Investitionskosten im Vergleich zu energetisch sanierten Altbauten.

Das Ergebnis im Gesamtblick

Auch wenn die Skepsis bei einigen Menschen gegenüber den erneuerbaren Energien noch immer groß ist, bedeuten sie viel für unsere Zukunft und den Fortbestand der Erde, wie wir sie heute kennen. Glücklicherweise verfügen wir über die nötige Technologie, um uns die Energie, die uns umgibt, sinnvoll zu erschließen. Jede Wärmepumpe hat ihre eigenen Vor- und Nachteile. Welche

Energiequelle für Ihre Zwecke am besten geeignet ist, finden Sie am besten im persönlichen Beratungsgespräch mit den Fachkräften für Heizungsbau heraus. Unabhängig davon, welche Wärmepumpe für Sie die beste sein wird: Eine sinnvolle Investition ist es ohne Frage.

Die grundlegenden Bauteile einer Wärmepumpe

Unabhängig von der Bauart finden sich in jeder Wärmepumpe folgende Bauteile, die zusammenarbeiten, um Wärme von einer Quelle aufzunehmen und sie auf ein höheres Temperaturniveau zu bringen: ein **Verdampfer** (**Evaporator**), **ein Verdichter** (**Kompressor**), **ein Verflüssiger** (**Kondensator**) sowie ein **Expansionsventil.** Soll die Wärmepumpe nicht nur heizen, sondern an heißen Tagen die Räume abkühlen, so wird zusätzlich ab Werk ein **Vier-Wege-Umkehrventil** eingebaut, das beide Möglichkeiten eröffnet.

Im Wesentlichen haben diese Bauteile folgende Aufgaben und Funktionen:

Der **Verdampfer** (**Evaporator**) ist eine Schlüsselkomponente in Wärmepumpensystemen, insbesondere in Luft- und Wasser-Wärmepumpen. Seine Hauptaufgabe besteht darin, Wärme aus der umgebenden Luft oder einem Wasserreservoir aufzunehmen und diese dann dem Kältemittel zuzuführen. Dieser Prozess findet bei niedrigen Temperaturen statt, typischerweise unter dem Gefrierpunkt, je nach Umgebungstemperatur.

Die Funktionsweise des Verdampfers beruht auf dem Prinzip der Phasenumwandlung des Kältemittels. Bei niedriger Temperatur und niedrigem Druck, wie es im Verdampfer der Fall ist, befindet sich das Kältemittel in einem flüssigen Zustand. Sobald die Wärme aus der Umgebung aufgenommen wird, beginnt das Kältemittel zu verdampfen, wobei es von einem flüssigen in einen gasförmigen Zustand übergeht. Diese Phasenumwandlung erfordert eine beträchtliche Menge an Energie, die in Form von Wärme aus der Umgebung bereitgestellt wird.

19

Der **Verdichter,** oder besser gesagt der **Kompressor,** ist ein zentraler und unverzichtbarer Bauteil einer Wärmepumpe, der das gasförmige Kältemittel komprimiert. Durch die Kompression wird das Kältemittel auf ein höheres Temperatur- und Druckniveau gebracht. Dieser Schritt ist entscheidend, um die Temperatur für die Wärmeübertragung zu erhöhen und damit das Gebäude zu heizen oder Warmwasser bereitzustellen. Ein effizienter Kompressor ist grundlegend für die Leistung und Effizienz der Wärmepumpe.

Der **Verflüssiger**, auch als **Kondensator** bezeichnet, spielt als essentieller Bestandteil einer Wärmepumpe eine entscheidende Rolle im Wärmeübertragungsprozess. Das gasförmige Kältemittel, welches zuvor im Verdampfer Wärme aufgenommen hat, kondensiert. Seine Wärmeenergie wird an den Heizkreislauf oder das Warmwassersystem abgegeben. Das gasförmige Kältemittel, das aus dem Verdampfer kommt, durchläuft den Verflüssiger, der sich im Heizkreislauf oder im Warmwassersystem befindet. Während dieses Prozesses wird das Kältemittel durch Kühlung kondensiert und wechselt von einem gasförmigen in einen flüssigen Zustand. Dabei gibt es die zuvor aufgenommene Wärmeenergie an die Umgebung oder das Wasserreservoir ab.

Das **Expansionsventils** befindet sich in der Wärmepumpe zwischen dem Verflüssiger und dem Verdampfer. Nachdem das gasförmige Kältemittel den Verflüssiger durchlaufen und die Wärmeenergie an den Heizkreislauf oder das Warmwassersystem abgegeben hat, besitzt es einen großen Druck und eine hohe Temperatur. Das Expansionsventil erlaubt dem Kältemittel eine Rückkehr in den Verdampfer, wodurch es eine abrupte Druckreduktion ermöglicht. Dadurch erleichtert es dem Kältemittel den Übergang von einem gasförmigen in einen flüssigen Zustand. Dieser Phasenwechsel ist entscheidend für den effizienten Betrieb der Wärmepumpe, da das Kältemittel im Verdampfer erneut verdampfen muss, um die Wärmeaufnahme aus der Umgebung zu ermöglichen. Das Expansionsventil reguliert den Durchfluss des Kältemittels, um sicherzustellen, dass die richtige Menge an Kältemittel in den Verdampfer gelangt. Eine präzise Steuerung des Kältemittelflusses ist wichtig, um eine optimale Leistung und Effizienz der Wärmepumpe sicherzustellen. Moderne Expansionsventile sind oft mit Sensoren und Regelungssystemen ausgestattet, die den Kältemittelfluss basierend auf den Betriebsbedingungen der Wärmepumpe anpassen können. Daraus ergibt sich eine verbesserte Effizienz und Leistungsfähigkeit der Wärmepumpe über eine Vielzahl von Betriebsbedingungen hinweg.

Das **Vier-Wege-Umkehrventil**, sofern vorhanden, ist ein mechanischer Bauteil, der den Weg des Kältemittels innerhalb der Wärmepumpe umkehren kann. Es besteht aus einem internen Ventil, das den Durchfluss des Kältemittels zwischen Verdampfer und Verflüssiger steuert und kann in zwei Hauptpositionen betrieben werden: Heizen und Kühlen. Im Heizmodus wird das Vier-Wege-Umkehrventil in eine Position gebracht, in der es den Kältemittelstrom so umleitet, dass der Verdampfer zum Wärmetauscher wird und Wärme aus der Umgebungsluft oder einer anderen Wärmequelle aufnimmt. Diese aufgenommene Wärme wird dann an das Heizsystem des Gebäudes abgegeben, um den Raum zu erwärmen. Im Kühlmodus wird das Vier-Wege-Umkehrventil in eine andere Position gebracht, die den Kältemittelstrom so umleitet, dass der Verdampfer zum Verflüssiger wird und Wärme aus dem Raum aufnimmt. Diese Wärme wird dann an die Umgebungsluft oder an einen Wärmetauscher abgegeben, um den Raum zu kühlen. Das Vier-Wege-Umkehrventil ermöglicht es der Wärmepumpe, den Durchfluss des Kältemittels umzukehren, ohne dass zusätzliche Komponenten erforderlich sind. Dadurch wird die Wärmepumpe vielseitiger und kann sowohl für Heiz- als auch für Kühlzwecke eingesetzt werden, was ihre Effizienz und Flexibilität erhöht. Moderne Wärmepumpen sind oft mit elektronischen Steuerungssystemen ausgestattet, die das Vier-Wege-Umkehrventil automatisch in die entsprechende Position bringen, basierend auf den Betriebsbedingungen und den Anforderungen des Systems. Dies ermöglicht eine nahtlose und effiziente Umstellung zwischen Heiz- und Kühlmodus.

Daraus ergibt sich der **Kältemittelkreislauf.** Das Kältemittel ist das Medium, das den Wärmetransport in der Wärmepumpe ermöglicht. Es durchläuft den Kreislauf vom Verdampfer über den Kompressor bis zum Verflüssiger und durch das Expansionsventil wieder zurück. Das Kältemittel sollte umweltfreundlich sein und gute thermodynamische Eigenschaften aufweisen.

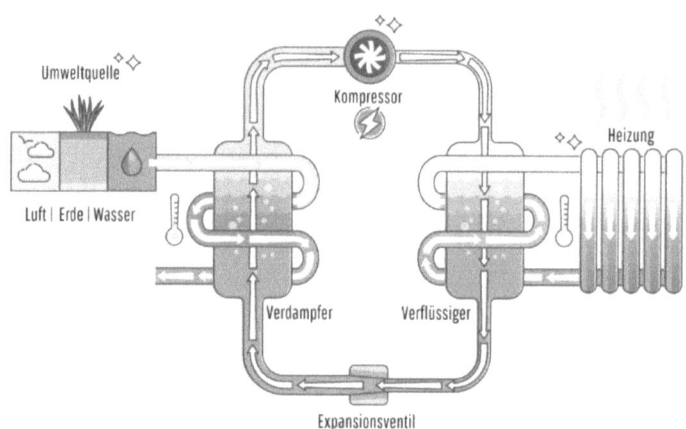

Steuer- und Regelungstechnik: Moderne Wärmepumpen verfügen über komplexe Steuer- und Regelungssysteme. Diese überwachen und steuern den Betrieb der Wärmepumpe, passen sich den Heizanforderungen an und optimieren die Effizienz. Einige Systeme ermöglichen auch die Integration erneuerbarer Energiequellen wie Solarthermie.

Zusätzlich können Wärmepumpen je nach Typ und Anwendung auch über weitere Elemente verfügen, beispielsweise einen Pufferspeicher für die Wärmespeicherung oder eine Backup-Heizquelle für besonders kalte Tage. Die genaue Konfiguration variiert je nach dem spezifischen Typ der Wärmepumpe, sei es Luft-Wasser-Wärmepumpe, Sole-Wasser-Wärmepumpe oder andere Varianten. Über die verschiedenen Arten von Wärmepumpen erfahren Sie mehr im nächsten Kapitel.

Welche Arten von Wärmepumpen es gibt und wie diese arbeiten

Es wird zwischen vier verschiedenen Hauptarten unterschieden:

- Die Luft-Wasser-Wärmepumpe

- Die Luft-Luft-Wärmepumpe

- Die Sole-Wasser-Wärmepumpe

- Die Wasser-Wasser-Wärmepumpe

Neben diesen vier Hauptarten gibt es zusätzlich spezielle Formen, auf die wir ebenfalls kurz eingehen, nämlich:

- Die Gas-Absorptions-Wärmepumpe

- Die Thermische Wärmepumpe

- Die Hybrid-Wärmepumpe

- Die Magnetkalorische Wärmepumpe

- Die Solarthermische Wärmepumpe

Die Luft-Wasser-Wärmepumpe

Funktionsweise: Die Umgebungsluft wird angesaugt und an den Verdampfer der Wärmepumpe weitergeleitet. Als Energieträger und quasi als Heizmaterial dienen ganz einfach die uns umgebende Luft und Wasser aus dem Heizkreislauf.

In der Umgebungsluft ist ausreichend Wärme gespeichert, die an den Kältemittelkreislauf der Wärmepumpe abgegeben wird. Dieser Vorgang entzieht der Luft die gespeicherte Wärme, sodass das sich der Aggregatzustand des Kältemittels von flüssig zu gasförmig ändert.

In dem nun gasförmigen Zustand wird das Kältemittel an den Verdichter der Wärmepumpe geleitet, der es unter hohem Druck komprimiert, wodurch die Temperatur steigt. Die gewonnene Wärme wird genutzt, um Heizungswasser und/oder Brauchwasser zu erwärmen. Durch die Abgabe der Wärme kühlt sich das Kältemittel wieder ab und wird im Entspannungsventil von dem hohen Druck befreit. Nun hat das Kältemittel wieder seinen ursprünglichen Aggregatzustand angenommen und steht dem Verdampfer erneut zur Erwärmung zur Verfügung.

Diese Vorgänge erfordern eine gewisse Menge an Strom als Primärenergie, die jedoch längst nicht so hohe Kosten verursacht wie der Betrieb einer Gas- oder Ölheizung.

Sie haben drei Möglichkeiten, eine Luft-Wasser-Wärmepumpe zu platzieren:

1. Gesplittetes Modell mit einer Innen- und Außeneinheit

Vorteile dieser Bauweise sind der geringe Platzbedarf, überschaubare Installationskosten sowie der geringe Geräuschpegel in den

Innenräumen. Bitte beachten Sie, dass die Außeneinheit sich in ausreichendem Abstand zu den benachbarten Grundstücken befindet, um auch dort eine Lärmbelästigung zu vermeiden. Die Innen- und die Außeneinheit sind über dünne Rohrleitungen miteinander verbunden, in denen sich ein Kältemittel befindet.

2. Monoblock-Einheit für Innenräume

Das Thema Lärmbelästigung für Nachbarn spielt bei dieser Platzierung keine Rolle. Ein Nachteil ist lediglich, dass ein Durchbruch der Außenwand erforderlich ist, damit die Wärmepumpe die benötigte Luft von außen ansaugen und wieder abgeben kann. Besonders sparsam und effizient kann die Monoblock-Einheit arbeiten, wenn die Abluft anderer Geräte wie Wäschetrockner oder Dunstabzugshaube für den Betrieb mitgenutzt wird.

3. Monoblock-Einheit für den Außenbereich

Diese Variante ist besonders attraktiv, wenn im Innenraum zu wenig oder kein geeigneter Platz für eine Inneneinheit vorhanden ist. Da sämtliche Betriebsgeräusche der Wärmepumpe außerhalb des Hauses bleiben, werden Sie im Inneren nichts davon mitbekommen. Es ist jedoch wichtig, einen Mindestabstand von drei Metern zu allen Nachbarn einzuhalten, um diese ebenfalls von den Betriebsgeräuschen der Wärmepumpe zu schützen.

Die Luft-Wasser-Wärmepumpe als Monoblock-Außengerät besteht aus einem einzelnen Gerät inklusive des notwendigen Kältemittelkreislaufs. Dadurch ist sie nicht nur kompakter als Split-Geräte ist, sondern auch weniger anfällig für Störungen.

Die Montage gestaltet sich besonders einfach und daher auch kostengünstiger. Die Anlage kann für gewöhnlich innerhalb weniger Stunden in Betrieb genommen werden. Das Heizkreissystem des

Gebäudes wird direkt an die Wärmepumpe angeschlossen. Ein Gerät bietet in der Regel fünf verschiedene Betriebsmodi, jedoch kann es auch hier verschiedene Spezifikationen geben:

- **Raumkühlung**

- **Raumheizung**

- **Trinkwassererwärmung**

- **Raumkühlung + Trinkwassererwärmung**

- **Raumheizung + Trinkwassererwärmung**

Die Leistung der Wärmepumpe wird mittels Gleichstrom-Wechselrichter (Inverter) vollautomatisch an den jeweiligen Bedarf angepasst. Abtauprogramme für den Wärmetauscher werden vollautomatisch aktiviert.

Luft-Wasser-Wärmepumpen eignen sich besonders gut für Gebäude, die über keine oder nur begrenzte Zugangsmöglichkeiten zu anderen Wärmequellen wie Erdwärme oder Grundwasser verfügen. Sie sind insbesondere in städtischen oder dicht bebauten Gebieten beliebt, wo der Platz begrenzt ist und Bohrungen für Erdwärmesonden schwierig sein können.

Die Luft-Luft Wärmepumpe

Zwischen der Luft-Luft-Wärmepumpe und der Luft-Wasser-Wärmepumpe gibt es einen entscheidenden Unterschied: Im Gegensatz zur Luft-Wasser-Wärmepumpe werden bei dieser Funktionsweise keine Heizkörper im Gebäude benötigt. Die Erwärmung des Gebäudes erfolgt über ein Gebläse, welches die erwärmte Luft an die Innenräume abgibt. Darüber hinaus ist es möglich, die Luft-Luft-Wärmepumpe auch für die Kühlung der Räume zu nutzen. Als angenehmen Nebeneffekt befreit die Filteranlage die Raumluft von Pollen, Staubpartikeln und anderen Belastungen. Ein Heizwasserkreislauf ist nicht erforderlich.

Luftaufnahme (im Winter): Die Wärmepumpe entzieht der Außenluft Wärme, was selbst bei niedrigen Temperaturen funktioniert. Moderne Luft-Luft-Wärmepumpen können sogar bei Temperaturen unter dem Gefrierpunkt effizient arbeiten.

Zuerst wird das aufgenommene Außenluftvolumen über einen Verdampfer geführt, in dem ein spezielles Kältemittel verdampft. Dieses Kältemittel besitzt einen niedrigen Siedepunkt, der selbst bei niedrigen Außentemperaturen eine Verdampfung ermöglicht.

Das gasförmige Kältemittel wird anschließend durch einen Kompressor komprimiert, wodurch sich Temperatur und Druck des Kältemittels erheblich erhöhen.

Das nun heiße, gasförmige Kältemittel gelangt durch einen Wärmetauscher ins Innere des Gebäudes. Dort wird die aufgenommen Wärme abgegeben und das Kältemittel kondensiert wieder zu einer Flüssigkeit. Die daraus entstandene Wärme kann nun in das Heizsystem eingespeist und über einen Luftverteiler oder ein Gebläse im Raum verteilt werden.

An heißen Sommertagen kann eine Luft-Luft-Wärmepumpe den Prozess umkehren, um das Gebäude zu kühlen. In diesem Fall wird die Wärme aus dem Innenraum aufgenommen, komprimiert und an die Außenluft abgegeben.

Die Effizienz einer Luft-Luft-Wärmepumpe hängt stark von den Außentemperaturen ab. Je niedriger die Außentemperatur, desto schwieriger wird es, ausreichend Wärmeenergie aus der Luft zu gewinnen. Daher sind diese Systeme nur in gemäßigten Klimazonen effektiv.

Eine Luft-Luft-Wärmepumpe ist sowohl als Monoblock-Gerät als auch als Split-Gerät verfügbar.

Luft-Luft-Wärmepumpen eignen sich gut für Gebäude, die über ein bestehendes Luftkanalsystem verfügen, wodurch die erwärmte Luft verteilt werden kann. Sie kommen besonders in Regionen zum Einsatz, in denen die Winter mild sind, also die Temperaturen nicht weit unter den Gefrierpunkt fallen.

Die Sole-Wasser-Wärmepumpe

Die Sole-Wasser-Wärmepumpe bezieht über Flächenkollektoren oder Erdsonden, die mittels eines Drei-Kreis-Systems arbeiten, Wärme aus dem Boden. In dem System zirkuliert in einem geschlossenen Kreislauf zunächst ein Gemisch aus Wasser, Salz und Frostschutzmittel, um die Wärme aus der Erde aufzunehmen.

Im zweiten Schritt wird die gewonnene Wärme an einen Kältemittelkreislauf weitergegeben. Dieser enthält meist umweltfreundliches Propan oder Ammoniak. Beide Stoffe ändern unter Druck im Verdichter ihren Aggregatzustand. Dieser Druck ermöglicht es dem Wärmetauscher, in der Raumheizung das Wasser zu erwärmen – fertig ist der wohltemperierte Wohnraum oder auch die warme Badewanne.

Bei dieser Bauweise ist die Erdwärme der Energieträger. Der Platzbedarf für die Flächenkollektoren ist höher als der für die Erdsonden; diese werden senkrecht im Boden platziert, während die Flächenkollektoren spiralförmig auf einer festgelegten Fläche verlegt werden. Wie groß diese Fläche sein muss, hängt natürlich von der Größe des Gebäudes ab, welches mit der Wärmepumpe beheizt werden soll. Nach entsprechender energetischer Sanierung des Hauses ist die Sole-Wasser-Wärmepumpe für Neu- und Altbauten geeignet.

Erdsonden werden in einer Tiefe zwischen 40-100 Metern im Boden versenkt. Bei einer Tiefenbohrung sind oftmals eine behördliche Genehmigung und ein geologisches Gutachten erforderlich. Es wird empfohlen, sich im Vorfeld über die rechtliche Situation im eigenen Bundesland zu informieren.

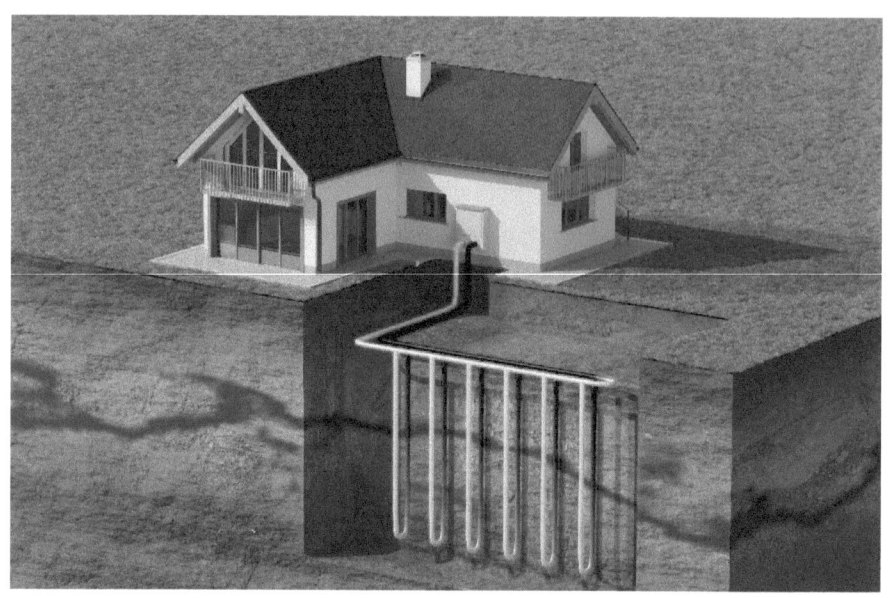

In einer Tiefe von 0,8-1,5 Metern herrschen zwischen 7-12 Grad Celsius. Diese Temperaturen reichen aus, damit die Sole-Wasser-Wärmepumpe angenehme Raum- und Wassertemperaturen erzeugen kann. Obwohl für diese Vorgänge eine geringe Menge an Strom erforderlich ist, sind die Kosten auch bei diesem Modell nicht ansatzweise mit denen für Öl oder Gas vergleichbar.

Die Wasser-Wasser-Wärmepumpe

Funktionsweise: Die Wasser-Wasser-Wärmepumpe arbeitet über ein Brunnensystem, das einen sogenannter Ansaugbrunnen sowie einen Schluckbrunnen benötigt. Der Förderbrunnen pumpt das Grundwasser aus einer Tiefe von etwa zwanzig Metern in die Wärmepumpe, der Speicherbrunnen führt es nach Verwendung der Wärme wieder dem Grundwasser zu, der Kreislauf schließt sich und der Vorgang startet von Neuem. Die eigentliche Erwärmung des Grundwassers geschieht wie folgt: Nachdem das Grundwasser mit Hilfe des Ansaugbrunnens in die Wärmepumpe befördert wurde, wird die darin gespeicherte Wärme über einen Wärmetauscher an das Kältemittel in den Rohren der Pumpe abgegeben. Von hier aus geht es weiter an den Verdichter, wo es unter Druck seinen Aggregatzustand von flüssig zu gasförmig ändert.

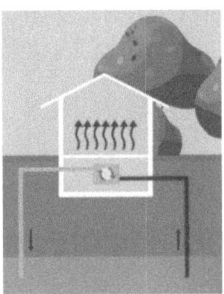

Bei diesem Vorgang bilden sich ausreichend hohe Temperaturen, um Wohnräume und Brauchwasser angenehm zu temperieren. Auch die Wasser-Wasser-Wärmepumpe benötigt Elektrizität, doch entsteht ebenfalls nur ein Bruchteil der Kosten, die Sie sonst in Heizöl oder Gas investieren würden. Ein weiterer Vorteil der Wasser-Wasser-Wärmepumpe: Ist auf Ihrem Grundstück bereits ein Brunnenschacht vorhanden, kann dieser in der Regel für den Betrieb der Wärmepumpe genutzt werden. Somit muss nur ein Brunnenloch anstatt zwei gebohrt werden.

Als Energieträger dient das Grundwasser. Die Grundtemperatur des in der Erde gespeicherten Grundwassers beträgt konstante 8-12 Grad Celsius. Ideale Voraussetzungen also, um auf eine angenehme Heiztemperatur gebracht zu werden. Auch das sogenannte Brauchwasser, zum Duschen oder für den Abwasch, lässt sich mit der Wasser-Wasser-Wärmepumpe auf Wohlfühltemperatur bringen.

Für den Bau der Brunnensysteme muss eine Genehmigung der unteren Wasserbehörde eingeholt werden.

Als weitere Voraussetzung gilt ein Grundwasser von guter Qualität, damit die Wärmepumpe einwandfrei und effizient funktionieren kann. Eine vorherige Wasserprobenentnahme bringt diesbezüglich Klarheit. Enthält das Grundwasser zu viel Eisen oder Mangan, wird die Leistung beeinträchtigt und die Wasserpumpe muss häufig instandgesetzt werden. Das kann schnell zu einer unwirtschaftlichen Angelegenheit werden, wenn die Wartungskosten die Einsparungen bei den Heizkosten gleich wieder aufzehren.

Spezielle Formen von Wärmepumpen

Die Gas-Absorptions-Wärmepumpe

Gas-Absorptions-Wärmepumpen finden häufig Verwendung, wenn eine zuverlässige, effiziente und kostengünstige Wärmequelle erforderlich ist. Dies trifft auf Wohn- und Gewerbegebäude, Prozesswärme und industrielle Anwendungen zu.

Diese Art von Wärmepumpe basiert auf dem Prinzip der Wärmeabsorption und Verdampfung. Dabei wird die Wärme von einem niedrigeren auf ein höheres Temperaturniveau übertragen. Gasabsorptionswärmepumpen verwenden statt Strom eine Kombination aus einem Absorptionszyklus und einem Kühlmittel.

Der Prozess beginnt im Absorber, wo das absorbierende Medium (beispielsweise Lithiumbromid) unter niedrigen Temperaturen das Kühlmittel Wasser aufnimmt. Die so entstandene Lösung wird in einem Verdampfer erhitzt, wodurch das Kühlmittel verdampft. Dabei wird Wärme aus der Umgebung oder einer externen Wärmequelle aufgenommen. Das verdampfte Kühlmittel wird anschließend in einem Kondensator wieder verflüssigt. Dabei wird die Wärme an die Umgebung abgegeben. Durch eine

32

Drosselvorrichtung wird im nächsten Schritt das flüssige Kühlmittel entspannt, damit Druck und Temperatur gesenkt werden. Anschließend fließt das Kühlmittel zurück in den Absorber, wo der Zyklus erneut beginnen kann.

Gasabsorptionswärmepumpen können Wärme auch bei niedrigen Temperaturen effizient übertragen. Besonders in Umgebungen mit begrenzter elektrischer Energie oder erneuerbaren Energiequellen hat sie klare Vorteile.

Die Thermische Wärmepumpe

Diese besondere Art von Wärmepumpe nimmt thermische Energie von einem Medium auf und verwendet diese, um ein anderes Medium damit zu erwärmen. Im Gegensatz zu herkömmlichen Wärmepumpen, die oft auf mechanischen Kompressionszyklen basieren, nutzen thermische Wärmepumpen verschiedene thermische Prozesse, um Wärme zu transferieren. Ein bekanntes Beispiel für thermische Wärmepumpen ist die Abwasserwärmepumpe.

Die Funktionsweise einer thermischen Wärmepumpe ist im Allgemeinen recht einfach: Sie entzieht einem Medium, das Wärme enthält, seine Wärmeenergie und überträgt sie auf ein anderes Medium, das erwärmt werden soll. Dabei kommt ein thermodynamischer Kreisprozess zum Einsatz.

Die Abwasserwärmepumpe nutzt die Wärmeenergie aus Abwasserquellen, wie zum Beispiel aus Duschen, Waschmaschinen oder Prozessabwässern, um Gebäude zu heizen oder Warmwasser bereitzustellen. Ein Wärmetauscher nimmt die Wärme aus dem Abwasser auf und überträgt sie auf ein Kältemittel in einem geschlossenen Kreislauf.

33

Durch Komprimieren des Kältemittels wird die Temperatur erhöht, und die so gewonnene Wärme wird dazu genutzt, Wasser oder Luft zu erwärmen.

Thermische Wärmepumpen können in verschiedenen Anwendungsbereichen eingesetzt werden, einschließlich der Heizung von Wohn- und Gewerbegebäuden, der Bereitstellung von Warmwasser in Wohnungen oder Hotels, der industriellen Prozesswärme und der Entsalzung von Meerwasser.

Vorteile von thermischen Wärmepumpen sind ihre hohe Effizienz und die Möglichkeit der Nutzung erneuerbarer Wärmequellen wie Abwasser, Solarwärme oder Geothermie. Dadurch tragen sie zur Reduzierung des Energieverbrauchs und der CO_2-Emissionen bei und bieten gleichzeitig eine zuverlässige Wärmeversorgung.

Die Hybrid-Wärmepumpe

Hybrid-Wärmepumpen sind eine innovative Lösung zur effizienten Beheizung und Kühlung von Gebäuden. Sie kombinieren in der Regel zwei oder mehrere verschiedene Heizsysteme, um die Vorteile verschiedener Technologien zu nutzen und die Effizienz zu maximieren. Typischerweise kombiniert man Hybrid-Wärmepumpen mit einem konventionellen Heizsystem wie einem Gas-, Öl- oder Biomassekessel. Diese Kombination ermöglicht es, die Vorzüge der jeweiligen Systeme zu nutzen und ihre Nachteile auszugleichen.

Ein Beispiel für eine Hybrid-Wärmepumpe ist die Kombination einer Luft-Wasser-Wärmepumpe mit einem Gasbrennwertkessel. Die Luft-Wasser-Wärmepumpe nutzt die Umgebungsluft als Wärmequelle und wandelt sie in Wärmeenergie für Heizzwecke um. Diese Technologie ist besonders effizient, wenn die Außentemperaturen mäßig sind. Wenn jedoch die Außentemperaturen sehr niedrig sind oder die Wärmepumpe ihre maximale Leistung nicht erbringen kann, springt der Gasbrennwertkessel ein und übernimmt die Wärmeerzeugung. Auf diese Weise kann die Hybrid-Wärmepumpe sowohl die Energieeffizienz als auch die Zuverlässigkeit des Heizsystems verbessern.

Ein weiteres Beispiel für eine Hybrid-Wärmepumpe ist die Kombination einer Luft-Wasser-Wärmepumpe mit einem Biomassekessel. Die Wärmepumpe übernimmt die Hauptlast der Heizung und wird durch den Biomassekessel unterstützt, wenn zusätzliche Wärme benötigt wird. Biomassekessel können mit verschiedenen Brennstoffen wie Holzpellets, Holzhackschnitzel oder Scheitholz betrieben werden, wodurch sie eine nachhaltige und CO_2-neutrale Heizlösung darstellen.

Hybrid-Wärmepumpen bieten eine Vielzahl von Vorteilen, darunter eine verbesserte Energieeffizienz durch die Kombination verschiedener Heizsysteme. Der Energieverbrauch wird reduziert und die Effizienz maximiert. Durch die Integration eines konventionellen Heizsystems können Hybrid-Wärmepumpen eine zuverlässige Wärmeversorgung sicherstellen, auch bei extremen Wetterbedingungen oder Ausfällen eines Teils des Systems. Das sorgt für eine erhöhte Zuverlässigkeit. Hybrid-Wärmepumpen ermöglichen außerdem eine flexible Anpassung an die individuellen Anforderungen und Bedingungen eines Gebäudes oder einer Anlage, indem sie verschiedene Heiztechnologien kombinieren. Durch die Nutzung erneuerbarer Energien und die Maximierung der Effizienz können Hybrid-Wärmepumpen langfristig die Betriebskosten senken und Einsparungen bei den Energiekosten ermöglichen.

Die Magnetkalorische Wärmepumpe

Magnetokalorische Wärmepumpen sind eine innovative Art von Wärmepumpen, die auf dem magnetokalorischen Effekt basieren, einer physikalischen Eigenschaft bestimmter Materialien. Diese Wärmepumpen transferieren die Wärme, die entsteht, wenn ein magnetisches Material einem Magnetfeld ausgesetzt wird.

Obwohl in der Entwicklung magnetokalorischer Wärmepumpen noch (bestimmte technische Herausforderungen zu überwinden sind, zeigen sie ein vielversprechendes Potenzial als effiziente und umweltfreundliche Lösung für die Wärmeübertragung in verschiedenen Anwendungen.

Die Funktionsweise einer magnetokalorischen Wärmepumpe ist im Allgemeinen wie folgt: Das Herzstück einer magnetokalorischen Wärmepumpe stellt das als magnetokalorisch bezeichnete Material dar. Typischerweise handelt es sich dabei um bestimmte Metalllegierungen oder magnetische Materialien wie Gadolinium oder Eisen-Mangan-Legierungen. Diese werden einem Magnetfeld ausgesetzt, was zu einer Änderung der Magnetisierung und der magnetischen Entropie des Materials führt. Daraus resultiert eine Erwärmung oder Abkühlung, je nach Eigenschaften des Materials und der Richtung des Magnetfeldes. Die Temperaturänderung im magnetischen Material wird genutzt, um Wärme zu transferieren. Bei einer magnetokalorischen Wärmepumpe wird das Material abwechselnd ins und aus dem Magnetfeld bewegt, um eine zyklische Erwärmung und Abkühlung zu erzeugen. Während des Erwärmungszyklus wird Wärmeenergie aus der Umgebung aufgenommen, während des Abkühlungszyklus wird Wärmeenergie an das angeschlossene Heizsystem abgegeben.

Die zyklische Bewegung des magnetischen Materials durch das Magnetfeld bildet den Kreislaufprozess der Wärmepumpe, angetrieben durch eine externe Energiequelle wie elektrischer Strom oder mechanische Arbeit. Magnetokalorische Wärmepumpen bieten dadurch mehrere Vorteile:

- Hohe Effizienz: Durch die Nutzung des magnetokalorischen Effekts können diese Wärmepumpen eine hohe Effizienz bei der Wärmeübertragung erreichen.
- Umweltfreundlichkeit: Da sie keine umweltschädlichen Kältemittel benötigen, können magnetokalorische Wärmepumpen eine umweltfreundliche Alternative zu herkömmlichen Kompressionswärmepumpen sein.
- Geringe Geräuschentwicklung: Im Vergleich zu herkömmlichen Wärmepumpen sind magnetokalorische Wärmepumpen oft leiser im Betrieb, da sie keine lauten Verdichter oder Ventilatoren benötigen.
- Flexibilität: Magnetokalorische Materialien können für verschiedene Temperaturbereiche und Anwendungen optimiert werden, was eine hohe Flexibilität bei der Gestaltung und Anwendung von magnetokalorischen Wärmepumpen ermöglicht.

Die Solarthermische Wärmepumpe

Bei einer solarthermischen Wärmepumpe werden die Vorteile von Solarthermie und Wärmepumpentechnologie kombiniert, um Gebäude zu heizen oder Warmwasser bereitzustellen. Die durch Sonnenenergie erzeugte Wärme wird an die Wärmepumpe weitergeleitet, um diese Wärme zu verstärken und effizient für Heizzwecke zu nutzen.

Die Funktionsweise sieht in der Regel wie folgt aus:

- Solarthermische Kollektoren: Diese Kollektoren sind üblicherweise auf dem Dach eines Gebäudes montiert und bestehen aus Absorber-Flächen, die das Sonnenlicht aufnehmen und in Wärme umwandeln. Diese Wärme wird dann auf ein Wärmeträgermedium wie zum Beispiel Wasser oder eine spezielle Wärmeträgerflüssigkeit übertragen.
- Wärmepumpe: Die erzeugte Wärme aus den solarthermischen Kollektoren wird von der Wärmepumpe aufgenommen und verstärkt. Die Wärmepumpe nutzt einen thermodynamischen Kreisprozess, um die Wärme auf ein höheres Temperaturniveau zu heben, das für die Heizung des Gebäudes oder die Warmwasserbereitung geeignet ist. Dies geschieht durch Verdampfen eines Kältemittels, das dann komprimiert und kondensiert wird.
- Wärmeübertragung: Die erzeugte Wärme wird schließlich in das Heizungssystem des Gebäudes eingespeist oder zur Bereitung von Warmwasser verwendet. Dies geschieht entweder durch direkte Übertragung der Wärme in einen Warmwasserspeicher oder durch Einbindung in das Heizsystem des Gebäudes.

Solarthermische Wärmepumpen bieten einige Vorteile: Sie nutzen die Sonnenenergie – eine erneuerbare und nachhaltige Energiequelle – als primäre Wärmequelle, wodurch sie zur Reduzierung von CO_2-Emissionen beitragen. Die Kombination von Solarthermie und Wärmepumpentechnologie erreicht eine höhere Effizienz als herkömmliche einzelne Solarthermie- oder Wärmepumpensysteme. Durch die Integration einer Wärmepumpe können solarthermische Wärmepumpen auch bei bewölktem Wetter oder in den Wintermonaten effizient arbeiten, wenn die Sonneneinstrahlung geringer ist.

Obwohl die Installationskosten für solarthermische Wärmepumpen zunächst höher sein können als für herkömmliche Heizsysteme, können langfristig erhebliche Einsparungen bei den Betriebskosten erzielt werden, insbesondere wenn staatliche Anreize oder Förderprogramme verfügbar sind.

Insgesamt bieten solarthermische Wärmepumpen eine effiziente und umweltfreundliche Lösung für die Beheizung von Gebäuden und die Bereitstellung von Warmwasser, indem sie die Vorteile von Solarthermie und Wärmepumpentechnologie kombinieren.

Fazit

Jeder der drei Energieträger (Erdwärme, Grundwasser oder Luft) hat seine Vor- und Nachteile. Erdwärme und Grundwasser sind aufwändiger in der Erschließung, arbeiten dafür später mit weniger Wärmeverlust. Luft als Energieträger ist zweifellos am leichtesten zu erschließen, dafür muss aber viel Energie darauf verwendet werden, die nötige Heiztemperatur zu erreichen. Welche hilfreiche Rolle Solarenergie in diesem Zusammenhang spielen kann, erfahren Sie in Kapitel Acht.

Da wir uns in diesem Buch hauptsächlich mit auf erneuerbaren Energien basierenden Wärmepumpen beschäftigen, werden wir auf die Gas-Absorptions-Wärmepumpe in den folgenden Kapiteln nicht im Speziellen eingehen, sie wurde nur der Vollständigkeit halber erwähnt.

Ihre Wärmepumpe als Klimaanlage

Wäre diese Funktion in der öffentlichen Wahrnehmung weiter verbreitet, könnten sich die Heizungsbaufirmen womöglich vor Aufträgen kaum noch retten: Unabhängig von der Energiequelle ist es möglich, die Wärmepumpe mit einem besonderen Ventil, nämlich dem Vier-Wege-Umkehrventil, auszustatten.

Wie die Bezeichnung schon nahelegt, lässt sich die Funktionsweise der Wärmepumpe damit einfach umkehren. Statt erwärmte Luft für Heizzwecke zu produzieren, wird die Wärme des heißen Sommertages um einige Grad Celsius abgekühlt. Dabei entsteht ein sehr angenehmes Raumklima, das für Menschen und Haustiere an heißen Tagen eine Wohltat ist.

Da Wärmepumpen erneuerbare Energiequellen wie Luft, Wasser oder Erdwärme nutzen, tragen sie zur Reduzierung des CO_2-Ausstoßes bei. Im Vergleich zu herkömmlichen Klimaanlagen, die oft auf elektrischer Energie und somit möglicherweise auf fossilen Brennstoffen basieren, gelten Wärmepumpenkühlungen als umweltfreundlicher.

Gibt es Vorteile gegenüber einer normalen Klimaanlage?

Eine Wärmepumpe mit integrierter Kühlfunktion bietet den entscheidenden Vorteil, dass die Anlage zwei Systeme in einem beherbergt. Damit sparen Sie nicht nur einmalige Anschaffungskosten, sondern senken auf lange Sicht auch Ihre Energiekosten. Ein weiterer Vorteil besteht darin, dass die Luft angenehmer und über eine Flächenheizung gleichmäßiger im Raum verteilt wird. Der kühle Luftstrom, der bei vielen für Erkältungen sorgt, entfällt.

Damit ist die Wärmepumpe bisher das einzige Heizungssystem, dass auch zur Kühlung eingesetzt werden kann. Man unterscheidet zwischen aktiver Kühlung mittels reversibler Wärmepumpe und passiver Kühlung mit einer Sole-Wasser-Wärmepumpe.

Umweltfreundliche Kältemittel

Ein häufiger Kritikpunkt an herkömmlichen Klimaanlagen sind die verwendeten Kältemittel, die oft einen hohen Treibhausgasausstoß verursachen. Wärmepumpen setzen in der Regel auf umweltfreundlichere Kältemittel, die eine geringere Belastung für die Atmosphäre darstellen. Dies trägt dazu bei, den ökologischen Fußabdruck der Klimaanlage zu minimieren.

Intelligente Regelungstechnik

Moderne Wärmepumpen-Klimaanlagen sind oft mit intelligenten Steuerungssystemen ausgestattet, die eine präzise Anpassung der Kühlleistung an die aktuellen Bedürfnisse ermöglichen. Dies optimiert den Energieverbrauch. Die Integration mit anderen Smart-Home-Systemen erhöht nochmals den Wohnkomfort. Die Verwendung von Wärmepumpen als Klimaanlagen ist nicht nur eine umweltfreundliche Entscheidung, sondern auch eine wirtschaftliche. Durch die Kombination von Heiz- und Kühlleistung bieten sie eine ganzjährige Lösung für den thermischen Komfort in Gebäuden. Mit ständigen Fortschritten in der Technologie und einem wachsenden Bewusstsein für Umweltaspekte zeichnen sich Wärmepumpen als zukunftsweisende Option für effiziente Klimaanlagen ab.

Aktive Kühlung (Active Cooling Funktion)

Durch die Umkehr des Wärmepumpenkreislaufs mit dem Vier-Wege-Umkehrventil können sowohl Luft-Wasser-, Luft-Luft- als auch Sole-Wasser-Wärmepumpen im Sommer als Kühlaggregat funktionieren. Dabei wird der Innenluft über das Heizungssystem mit Hilfe des Kompressors aktiv Wärme entzogen und nach draußen abgeführt.

Das Vier-Wege-Ventil innerhalb der Wärmepumpe ist die entscheidende Komponente, die durch Umkehrung des Kältemittel-Kreislaufes die aktive Kühlung ermöglicht.

Kleiner Hinweis: Nicht alle Wärmepumpen sind für die Ausstattung mit einem Vier-Wege-Umkehrventil geeignet. Achten Sie vor der Anschaffung bereits darauf, ob die Wärmepumpe für eine Kühlung ausgestattet ist beziehungsweise ob ein nachträglicher Einbau ohne große Zusatzkosten möglich ist.

Passive Kühlung

Die passive Kühlung ist nur mit Sole-Wasser- und Wasser-Wasser-Wärmepumpen möglich und eine innovative Methode, um Gebäude kühl zu halten, ohne aktiv Kältemittel zu verwenden. Diese Technologie nutzt die im Erdreich gespeicherte Kühle, um den Kühlbedarf von Gebäuden zu decken.

So funktioniert die passive Kühlung mit Sole-Wasser-Wärmepumpen:

Das Erdreich wird als Wärmespeicher verwendet. In einem geschlossenen Erdwärmekreislauf zirkuliert eine Sole, eine Mischung aus Wasser und Frostschutzmittel, durch Erdkollektoren oder Erdsonden, die im Boden vergraben sind.Bei steigenden Außentemperaturen im Sommer nimmt die Sole-Wasser-Wärmepumpe Wärme aus dem Gebäude auf und gibt die Wärme passiv ans kühlere Erdreich ab.Die nun gekühlte Sole wird dann wieder durch das Gebäude geleitet, wodurch es aktiv gekühlt wird.Diese passive Kühlung erfolgt ohne den Einsatz von elektrischer Energie, Kältemitteln oder aktiven Kühlaggregaten.

Welche Vorteile ergeben sich daraus?

Umweltfreundlichkeit: Durch die Nutzung der im Erdreich gespeicherten Kühle reduziert die passive Kühlung den Bedarf an aktiven Kühlsystemen, die oft energieintensiv sind und klimaschädliche Kältemittel verwenden.

Niedrige Betriebskosten: Da die passive Kühlung ohne den Einsatz von elektrischer Energie erfolgt, können die Betriebskosten erheblich niedriger sein. Dies führt zu Einsparungen im Vergleich zu traditionellen Klimaanlagen.

Ganzjährige Nutzung: Sole-Wasser-Wärmepumpen mit passiver Kühlung können nicht nur im Sommer für die Kühlung, sondern auch im Winter für die Heizung genutzt werden. Dies macht sie zu einer ganzjährigen Lösung.

Langfristige Energieeffizienz: Durch die Nutzung erneuerbarer Energiequellen und die Vermeidung von konventionellen Kältemitteln tragen passive Sole-Wasser-Wärmepumpen zur langfristigen Energieeffizienz von Gebäuden bei.

Welche Überlegungen stehen für diese Entscheidung an?

Standortabhängigkeit: Die Effektivität der passiven Kühlung mit Sole-Wasser-Wärmepumpen hängt von den geografischen und geologischen Eigenschaften des Standorts ab. Nicht überall ist diese Methode gleichermaßen effizient.

Design und Installation: Ein effizientes Design und eine fachgerechte Installation der Erdkollektoren oder Erdsonden sind entscheidend für den Erfolg der passiven Kühlung. Dies erfordert eine sorgfältige Planung durch erfahrene Fachleute.

Die passive Kühlung mit Sole-Wasser-Wärmepumpen bietet eine umweltfreundliche und kosteneffiziente Option für die Temperaturregelung von Gebäuden, insbesondere in Regionen mit geeigneten geologischen Bedingungen.

Sonderanwendungen von Wärmepumpen

Dieses Kapitel behandelt spezielle Anwendungen von Wärmepumpen, die nicht unmittelbar mit der Verwendung einer Wärmepumpe im Eigenheim verbunden sind.

Geothermische Wärmepumpen in der Landwirtschaft

Welche Aspekte charakterisieren die Anwendung in der Landwirtschaft?

Geothermische Wärmepumpen nutzen die relativ konstante Temperatur des Bodens in bestimmten Tiefen, um Wärme für Heiz- und Kühlzwecke zu gewinnen. Dadurch steht selbst in Regionen mit extremen Klimabedingungen eine zuverlässige Energiequelle für Wärmepumpen zur Verfügung.

Typische Anwendungen sind die Beheizung von Gewächshäusern und die Kontrolle der Bodentemperatur in Pflanzenkulturen. Die geothermische Wärmepumpe kann die für Gewächshäuser erforderliche Temperatur (wichtig für optimale Wachstumsbedingungen für Pflanzen) stabil halten. Die Pumpe zieht dabei die Wärme aus dem Boden und überträgt sie ins Gebäude.

In einigen landwirtschaftlichen Betrieben werden geothermische Wärmepumpen eingesetzt, um die Bodentemperatur in zu kontrollieren. Wichtig ist dies in Regionen mit extremen Temperaturen, wenn die Bodentemperatur das Pflanzenwachstum beeinflusst. Derart optimierte Bedingungen können Ernteerträge maximieren.

Obwohl die anfänglichen Investitionskosten für geothermische Wärmepumpen möglicherweise höher sind als bei herkömmlichen Heizsystemen, bieten sie langfristig betrachtet eine wirtschaftliche Lösung. Die Nutzung einer natürlichen und erneuerbaren Energiequelle ermöglicht Landwirten langfristig ihre Energiekosten zu senken und ihre Umweltbilanz durch einen reduzierten CO_2-Fußabdruck zu verbessern.

Dadurch werden Bemühungen für eine nachhaltigere und umweltfreundlichere Landwirtschaft unterstützt.

Zusammenfassend bieten geothermische Wärmepumpen in der Landwirtschaft eine vielversprechende Möglichkeit, den Energieverbrauch zu optimieren, die Umweltbelastung zu reduzieren und gleichzeitig die Rentabilität landwirtschaftlicher Betriebe zu verbessern.

Industrielle Prozesswärme

In verschiedenen Industriezweigen entsteht als wesentlicher Bestandteil von Produktionsprozessen industrielle Prozesswärme, die dann für vielfältige Zwecke eingesetzt wird. Dazu gehören zum Beispiel Trocknen, Erhitzen, Schmelzen, Verdampfen und chemische Reaktionen. Welche wichtigen Aspekte gibt es hierbei hervorzuheben?

- Vielseitige Anwendungen: Industrielle Prozesswärme wird in zahlreichen Branchen eingesetzt. Dazu zählen unter anderem die Lebensmittel- und Getränkeindustrie, die Chemie- und Petrochemie, die Metallverarbeitung, die Textilindustrie und die Papierherstellung. Die spezifischen Anwendungen variieren je nach Branche und Prozess, können jedoch das Erhitzen von Materialien, die Verdunstung von Flüssigkeiten, das Schmelzen von Metallen oder das Durchführen chemischer Reaktionen umfassen.

- Energieeffizienz und Kostenoptimierung: Die Bereitstellung von Prozesswärme macht oft einen erheblichen Teil der Gesamtenergiekosten eines Industriebetriebs aus. Effiziente Wärmeübertragungssysteme und die Nutzung von Abwärme sind wichtige Strategien zur Verbesserung der Energieeffizienz in industriellen Prozessen.
- Wärmequelle und -erzeugung: Die Wärmequelle für industrielle Prozesswärme kann vielfältig sein und umfasst fossile Brennstoffe wie Erdgas, Kohle oder Öl, elektrische Widerstandsheizungen, Dampf, Biomasse oder erneuerbare Energiequellen wie Solar- oder Geothermie. Die Auswahl der geeigneten Wärmequelle hängt von verschiedenen Faktoren ab, darunter Verfügbarkeit, Kosten, Umweltauswirkungen und Anforderungen an den spezifischen Produktionsprozess.
- Integration von Wärmepumpen: In vielen Industriebetrieben werden Wärmepumpen zunehmend als effiziente Lösung zur Bereitstellung von Prozesswärme eingesetzt. Wärmepumpen können Wärme aus der Umgebungsluft, dem Wasser oder dem Boden entziehen und auf ein höheres Temperaturniveau anheben, um die Anforderungen industrieller Prozesse zu erfüllen. Dies kann dazu beitragen, den Energieverbrauch zu senken, Kosten zu reduzieren und die Umweltbelastung zu verringern.
- Kontinuierliche Optimierung und Innovation: Die industrielle Prozesswärme ist ein Bereich, in dem kontinuierliche Optimierung und Innovation von entscheidender Bedeutung sind. Unternehmen investieren in Forschung und Entwicklung, um effizientere Heizsysteme, Wärmeübertragungstechnologien und Prozesssteuerungssysteme zu entwickeln. Dies ermöglicht die Verbesserung der Produktionsprozesse und die Steigerung der Produktqualität bei gleichzeitiger Senkung der Energiekosten.

Insgesamt spielt industrielle Prozesswärme eine entscheidende Rolle für die Effizienz, Produktivität und Rentabilität industrieller Betriebe. Durch die Nutzung fortschrittlicher Technologien und die Implementierung effizienter Wärmeübertragungssysteme können Unternehmen ihre Wettbewerbsfähigkeit stärken und gleichzeitig einen Beitrag zur Reduzierung ihres ökologischen Fußabdrucks leisten.

Wassererwärmung

In verschiedenen Bereichen des Lebens können Wärmepumpen gezielt zur Wassererwärmung eingesetzt werden:

Privates Schwimmbad

Ein Eigenheimbesitzer mit einem Schwimmbad im Garten kann sich für die Installation einer Wärmepumpe entscheiden, um das Poolwasser auf eine angenehme Temperatur zu erwärmen. So kann die Badesaison im Eigenheim verlängert werden.

Hotel oder Resort

Ein Hotel oder Resort möchte seinen Gästen ein komfortables Badeerlebnis bieten und entscheidet sich daher für die Nutzung einer Wärmepumpe zur Erwärmung der Poolanlage. Die Wärmepumpe kann auch in großen Anlagen effizient betrieben werden und trägt dazu bei, den Energieverbrauch und die Betriebskosten zu senken.

Fitnessstudio oder Wellnesscenter

Ein Fitnessstudio oder Wellnesscenter verfügt über einen Whirl-pool oder ein Tauchbecken und möchte die Wassertemperatur konstant halten, um den Komfort der Gäste zu gewährleisten. Durch den Einsatz einer Wärmepumpe kann die Wassererwärmung kostengünstig und umweltfreundlich erfolgen.

Öffentliche Schwimmbäder

Kommunale Schwimmbäder oder Freibäder können ebenfalls von der Nutzung von Wärmepumpen zur Wassererwärmung profitieren. Die Wärmepumpen können dazu beitragen, die Betriebskosten zu senken und die Umweltbelastung durch den Betrieb des Schwimmbads zu reduzieren.

Aquakultur

In der Aquakultur können Wärmepumpen zur Erwärmung von Wasser in Fisch- oder Krebszuchtanlagen eingesetzt werden. Durch die kontrollierte Erwärmung des Wassers können optimale Bedingungen für das Wachstum und die Gesundheit der Tiere geschaffen werden.

Thermalbäder

Thermalbäder und Kurorte, die auf die Heilwirkung von warmem Wasser setzen, können von Wärmepumpen profitieren, um die Becken auf die gewünschte Temperatur zu bringen. Die Nutzung erneuerbarer Energiequellen zur Wassererwärmung kann dabei helfen, die Nachhaltigkeit des Betriebs zu verbessern.

Man sieht hier die Vielseitigkeit der Anwendungsmöglichkeiten von Wärmepumpen zur Wassererwärmung in verschiedenen Bereichen: von privaten Haushalten über Gewerbebetriebe bis hin zu öffentlichen Einrichtungen.

Thermische Entsalzung

Bei der thermischen Entsalzung werden Meerwasser oder andere salzhaltige Wasserquellen verwendet, um Trinkwasser oder Wasser für industrielle Anwendungen zu gewinnen. Im Gegensatz zu anderen Entsalzungsmethoden wie der Umkehrosmose oder der Elektrodialyse basiert die thermische Entsalzung auf der Anwendung von Wärmeenergie, um Wasser zu verdampfen und das Salz zurückzulassen.

Beim Prozess der thermischen Entsalzung wird das Meerwasser in einem Verdampfer bis zum Verdampfen erhitzt. sodass schließlich nur das Salz zurückbleibt. Die benötigte Wärmeenergie kann aus verschiedenen Quellen stammen, darunter Solarenergie, Geothermie oder Abwärme aus Industrieanlagen. Der Wasserdampf wird von Salz und anderen Verunreinigungen befreit, bevor er dann wieder zu flüssigem Wasser kondensiert. Durch diesen Prozess der Destillation und Kondensation wird also reines Wasser gewonnen, während das Salz zurückbleibt.

Die Effizienz der thermischen Entsalzung hängt wesentlich von der verfügbaren Wärmeenergie ab. Solarenergie ist eine vielversprechende und nachhaltige Energiequelle für die Erzeugung von Wärme, insbesondere in Regionen mit viel Sonnenschein und einem hohen Bedarf an Trinkwasser. Auch geothermische Energie kann genutzt werden, um Meerwasser zu verdampfen und zu entsalzen.

Thermische Entsalzungsanlagen werden hauptsächlich in Regionen mit Wasserknappheit oder unzureichenden Süßwasserressourcen eingesetzt: in Küstengebieten, Wüstenregionen und Inselgemeinden. Industrieanlagen nutzen thermische Entsalzungsanlagen, um Prozesswasser von Salz und anderen Verunreinigungen zu befreien.

Obwohl die thermische Entsalzung eine effektive Methode zur Gewinnung von Trinkwasser aus Meerwasser ist, sind die mit diesem Verfahren verbundenen Umweltauswirkungen zu berücksichtigen. Der Energiebedarf für die Erzeugung von Wärme kann hoch sein, insbesondere wenn fossile Brennstoffe verwendet werden. Daher ist es wichtig, nachhaltige Energiequellen wie Solarenergie oder Geothermie zu nutzen, um die Umweltauswirkungen zu minimieren.

Insgesamt bietet die thermische Entsalzung eine wichtige Möglichkeit, den Wasserbedarf in wasserarmen Regionen zu decken und den Zugang zu Trinkwasser zu verbessern. Durch die Nutzung von erneuerbaren Energiequellen und die kontinuierliche Optimierung der Technologie können die Umweltauswirkungen minimiert und gleichzeitig die Wasserversorgungssicherheit erhöht werden.

Eis-Speicher-Wärmepumpen

Eis-Speicher-Wärmepumpen sind eine innovative Technologie zur Speicherung von thermischer Energie, die in Zeiten mit geringer Nachfrage erzeugt wird, um sie dann in Zeiten mit höherer Nachfrage zu nutzen. Der Prozess der Eis-Speicherung bietet eine effiziente Methode zur Speicherung und Bereitstellung von Wärme- oder Kälteenergie für Heizungs- und Kühlungsanwendungen.

Eis-Speicher-Wärmepumpen nutzen den Phasenwechsel von Wasser zu Eis und umgekehrt, um Wärmeenergie zu speichern und freizusetzen. In Zeiten mit geringer Nachfrage nach Wärme oder Kälte wird überschüssige Energie verwendet, um Wasser zu gefrieren und Eis zu bilden. Wenn Wärme oder Kälte benötigt wird, wird das Eis wieder aufgetaut, wobei die gespeicherte Energie freigesetzt wird.

Der Eisspeicher besteht aus einem isolierten Behälter oder einem unterirdischen Tank, der mit Wasser gefüllt ist. In Zeiten mit niedrigerer Energie-Nachfrage wird das Wasser im Speicher durch einen Wärmetauscher gekühlt, bis es gefriert und zu Eis wird.

Das Eis dient dann als thermischer Energiespeicher, der Wärme oder Kälte bei Bedarf abgeben kann.

Eis-Speicher-Wärmepumpen können eine hohe Effizienz aufweisen, da der Phasenwechsel von Wasser zu Eis und umgekehrt viel Energie speichern bzw. freigeben kann. Dies ermöglicht es, überschüssige Energie in Zeiten mit geringer Nachfrage zu nutzen und die Energiekosten zu senken. Zusätzlich können Eis-Speicher-Wärmepumpen mit erneuerbaren Energiequellen wie Solar- oder Windenergie gekoppelt werden, um eine noch nachhaltigere Lösung zu schaffen.

Eis-Speicher-Wärmepumpen finden Anwendung in verschiedenen Bereichen, darunter Wohn- und Gewerbegebäude, Industrieanlagen, Schulen, Krankenhäuser und institutionelle Einrichtungen. Sie können für Heizungs- und Kühlungsanwendungen verwendet werden und eignen sich besonders gut für Gebäude mit hohen Wärme- oder Kältebedarfsspitzen.

Diese Wärmepumpe ist eine umweltfreundliche Lösung zur Bereitstellung von Wärme oder Kälte, da sie den Einsatz fossiler Brennstoffe reduziert und den CO_2-Fußabdruck von Gebäuden und Anlagen verringert. Durch die Nutzung erneuerbarer Energiequellen zur Erzeugung von Eis und die effiziente Nutzung von gespeicherter Energie können Eis-Speicher-Wärmepumpen dazu beitragen, die Umweltauswirkungen von Heizungs- und Kühlsystemen zu minimieren.

Insgesamt bieten Eis-Speicher-Wärmepumpen eine effiziente und umweltfreundliche Methode zur Speicherung und Nutzung von thermischer Energie für Heizungs- und Kühlungsanwendungen. Durch die Integration dieser Technologie in Gebäude- und Industrieanlagen können Energiekosten gesenkt, die Energieeffizienz verbessert und die Umweltbelastung reduziert werden.

Welche Voraussetzungen an Gebäude und Grundstück erfüllt sein müssen

Es ist vor dem Einbau einer Wärmepumpe immer ratsam, das Gebäude bestmöglich zu isolieren und zu dämmen, damit die Wärmepumpe zufriedenstellend und effizient arbeiten kann. Für welche Art Wärmepumpe Sie sich entscheiden, ist dabei zunächst unerheblich. Ein gut gedämmtes Haus ist immer eine Grundvoraussetzung für den Erhalt der Wärme im Inneren.

Anschließend stellt sich die Frage, welche der vier Bauarten Sie auswählen, denn sie unterscheiden sich in Sachen Platzbedarf und baulichem Aufwand.

Für eine Sole-Wasser-Wärmepumpe, die sich der Erdwärme bedient, ist ein entsprechend großes Grundstück unabdingbar. Die individuell benötigte Fläche für die Verlegung von Wärmekollektoren berechnet die beratende Heizungsfachfirma. Erdsonden benötigen etwas weniger Fläche, da sie senkrecht in der Erde platziert werden. Im Haus selbst genügt für den Aufbau der Wärmepumpe der Kellerraum, wo sonst eine Gas- oder Ölheizung stehen. Der Raum sollte für die Wärmepumpe mindestens zwei Quadratmeter groß und zwei Meter hoch sein, für Aufbau und Wartung müssen zusätzlich ein bis zwei Quadratmeter Platz vorhanden sein. Da für einen reibungslosen Betrieb wichtig ist, dass die Wärmepumpe sich nah am Wärmetauscher befindet, ist ein Kellerraum optimal.

Sowohl Luft-Wasser-Wärmepumpe als auch die **Luft-Luft-Wärmepumpe** sind in ihrem Standort flexibel: Sie können im Haus, auf dem Grundstück oder zwischen Innen und Außen gesplittet aufgestellt werden. Der Platzbedarf liegt bei etwa vier Quadratmetern Fläche, die Höhe beträgt zwischen eineinhalb und zwei Metern.

Für den Betrieb einer **Wasser-Wasser-Wärmepumpe** wird ausreichend Platz auf dem Grundstück benötigt, damit die Baufirma zwei Brunnenlöcher ausheben kann. Der Abstand zwischen Saug- und Schluckbrunnen muss dabei mindestens fünfzehn Meter betragen. Ausgehend vom Ansaugbrunnen sollte das Grundwasser ein leichtes Gefälle in Richtung Schluckbrunnen aufweisen, um einen reibungslosen Betrieb der Wärmepumpe zu gewährleisten.

Die Wärmepumpe selbst ist in einem Kellerraum am besten aufgehoben, möglichst nah an der Brunnenanlage. Die erforderliche Stellfläche liegt bei etwa zwei Quadratmetern und zwei Metern Höhe. Für die jährlichen Wartungsarbeiten und den Aufbau werden zusätzliche zwei bis drei Quadratmeter benötigt.

Wie bereits erwähnt, ist auch eine gesplittete Aufstellung der Wärmepumpe mit einer Innen- und einer Außeneinheit möglich. Dies kann aus unterschiedlichen Gründen sinnvoll sein. Bauteile wie Ventilatoren, Verdampfer und Verdichter können mit einer gewissen Geräuschemission einhergehen, was einen Standort außerhalb des Gebäudes nahelegt. Vor allem eine Luft-Wasser-Wärmepumpe kann einen gewissen Geräuschpegel mit sich bringen: Sie erzeugt im Innenbereich zwischen 48 dB und 57 dB, bei Außeninstallation zwischen 56 dB und 63 dB.

Das sind keine fürchterlich lauten Geräusche, wie der folgende Vergleich zeigt:

20 dB entsprechen dem Geräusch von raschelnden Blättern, alles zwischen 56 dB und 63 dB ist vergleichbar mit dem Geräusch von Regen oder einem Gespräch in Zimmerlautstärke.

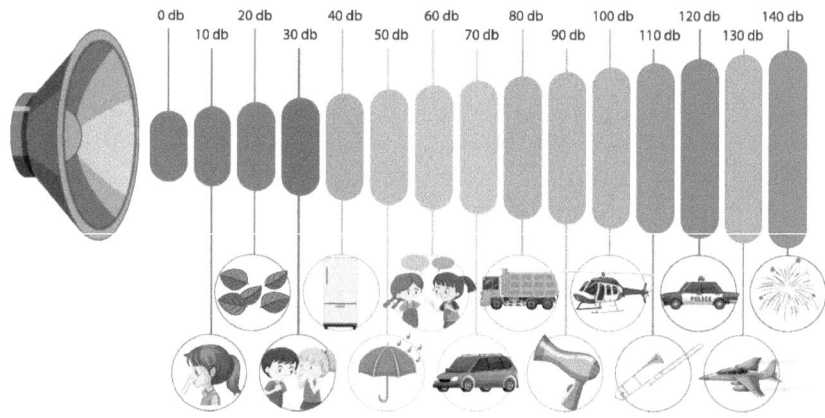

Mit Rücksicht auf den Nachbarschaftsfrieden sollte der Abstand zu anderen Grundstücken bei der Außeninstallation mindestens drei Meter, besser mehr betragen. Bitte beachten Sie, dass je nach Bundesland andere Grenzwerte für die Geräuschbildung von Wärmepumpen gelten.

Geräuschemissionen werden hauptsächlich von Luft-Wasser- oder Luft-Luft-Wärmepumpen verursacht, bei Sole-Wasser- und Wasser-Wasser-Wärmepumpen spielen sie kaum eine Rolle.

Eine weitere bauliche Voraussetzung für den effizienten Betrieb einer Wärmepumpenheizung sind die richtigen Heizkörper. Eine Wärmepumpe schafft es, vorhandene Heizkörper auf bis zu 50 Grad Celsius zu erwärmen. Für die herkömmlichen Heizkörper, wie man sie von Gas- oder Ölheizungen kennt, ist das bei weitem nicht ausreichend. Bessere Heizergebnisse erzielen Sie mit Flächenheizkörpern, also mit Fußboden- oder Wandheizungen. Fußbodenheizungen sind bereits oft vorhanden, andernfalls gibt es die Möglichkeit des nachträglichen Einbaus. Dies gilt auch für Wandheizungen.

Wann immer ein Teil der Wärmepumpe außerhalb des Hauses platziert wird, ist ein stabiler Untergrund unverzichtbar. Je nach

Größe und Gewicht ist ein Betonfundament erforderlich, auf dem die Anlage sicher stehen kann. In Ausnahmefällen genügen auch einige Gehwegplatten.

Jede Wärmepumpe sollte so platziert werden, dass sie ungehindert von äußeren Einflüssen arbeiten kann. Bei einer Sole-Wasser-Wärmepumpe darf die Fläche, unter der die Rohre oder Erdsonden verbaut sind, nicht versiegelt werden.

Die nachträgliche Installation einer Wärmepumpe im Altbau

Neben den positiven Aspekten für Umwelt und Klima steigert es den Wert einer vorhandenen Immobilie, wenn Sie sich für den Einbau einer Wärmepumpe entscheiden. Spätestens, wenn die Öl- oder Gasheizung so weit in die Jahre gekommen ist, dass Reparatur und Instandhaltung immer höhere, häufig wiederkehrende Kosten verursachen, sollte das Thema Wärmepumpe in den Fokus rücken. Oder auch schon vor dem nächsten Sanierungsfall, wenn Sie schnellstmöglich Teil einer besseren Zukunft sein möchten. Grundsätzlich ist es möglich, eine alte Öl- oder Gasheizung gegen eine neue Wärmepumpe auszutauschen.

Vor der Installation einer Wärmepumpe, ist es ratsam, eine professionelle Energieberatung durchzuführen. Ein Experte kann den Energiebedarf Ihres Gebäudes kalkulieren, die Machbarkeit einer Wärmepumpeninstallation prüfen und Ihnen bei der Auswahl des am besten geeigneten Wärmepumpensystems helfen.

Es gelten dabei die oben genannten Anforderungen an das Haus und das Grundstück. Das Projekt Wärmepumpe ist zwar zunächst einmal mit Kosten verbunden, doch Sie werden Ihre neue Unabhängigkeit von fossilen Brennstoffen sicherlich schnell zu schätzen wissen. Im ersten Schritt zur Nachrüstung sieht sich eine Fachfirma die Gegebenheiten bei Ihnen vor Ort an. Dabei findet eine fachkundige Beratung dazu statt, welche Art von Wärmepumpe für Ihr Haus und Ihr Grundstück infrage kommt, wo die Anlage am besten platziert wird und wie sie dimensioniert sein muss, um effizient zu arbeiten. Abschließend erhalten Sie ein Angebot für den Einbau einer Wärmepumpe und, falls erforderlich, für den Ausbau der alten Heizungsanlage.

Wenn Öltanks vorhanden sind, müssen diese von zertifizierten Fachfirmen entsorgt werden. Für spätere Rückfragen erhalten Sie einen Entsorgungsnachweis. Fällt Ihre Entscheidung nach eingehender Beratung auf eine Sole-Wasser-Wärmepumpe, so kümmert sich die von Ihnen beauftragte Firma in der Regel um die erforderlichen Bohrgenehmigungen.

Sie erhalten außerdem eine Einschätzung dazu, inwieweit die Elemente Ihrer alten Heizung (Thermostate, Rohre und Armaturen) weiterhin verwendet werden können. Mit etwas Glück können Sie an diesem Punkt Geld einsparen. Falls Ihnen der Behördendschungel zu undurchsichtig ist, erhalten Sie von vielen Firmen auch Unterstützung bei der Antragstellung der staatlichen Fördergelder (mehr dazu folgt später).

Es mag Ihnen wie ein langer, steiniger Weg vorkommen, nahezu Ihre komplette Heizungsanlage umzukrempeln und gegen eine neue Technologie auszutauschen. Insbesondere dann, wenn Ihnen das Heizen mit Gas oder Öl seit langem vertraut ist. Vielleicht ist der Gedanke hilfreich, dass schon andere vor Ihnen diesen Schritt gegangen sind und ihre Wärmepumpe nicht wieder zurücktauschen würden.

Die Zusammenarbeit mit der Heizungsbaufirma wird Ihnen dabei helfen, sich mit der neuen Technik vertraut zu machen. Nicht nur die Kostenersparnis, sondern auch das angenehme Raumklima werden ihren Beitrag dazu leisten, dass auch Sie sich schon bald nicht mehr von Ihrer neuen Heizung trennen möchten – die Vorteile überwiegen ganz klar.

Die Wärmepumpe im neuerrichteten Eigenheim

In einer Zeit, in der der Klimawandel und die Energiewende global im Fokus stehen, gewinnt die Nachhaltigkeit im Bauwesen zunehmend an Bedeutung. Ein entscheidender Aspekt bei der Erfüllung des Traums vom Eigenheim ist die Wahl des Heizsystems. Wärmepumpen sind eine äußerst effiziente und umweltfreundliche Alternative zu herkömmlichen Heizungsanlagen. Ihre Nutzung verspricht nicht nur eine Reduzierung der CO_2-Emissionen, sondern auch langfristige Einsparungen bei den Energiekosten.

Da Neubauten grundsätzlich gute energietechnische Werte und einen dementsprechend geringen Wärmedarf haben, liegen optimale Bedingungen für eine Wärmepumpe vor, um die höchsten Wirkungsgrade zu erzielen. Zusätzlich benötigt die Technik wenig Platz im Haus und ist sehr wartungsarm.

Zwar sind die Anschaffungskosten höher als bei herkömmlichen Heizsystemen, dafür amortisieren sie sich über die Jahre durch niedrigere Betriebskosten. In einigen Bundesländern, beispielweise Niederösterreich, bekommen Sie durch den Einbau einer alternativen Energiequelle mehr Wohnbauförderung. Wärmepumpen nutzen erneuerbare Energiequellen wie Luft, Wasser oder Erdwärme, um Wärme zu erzeugen. Durch ihren effizienten Betrieb können sie deutlich weniger Energie verbrauchen als herkömmliche Heizsysteme, was zu erheblichen Kosteneinsparungen führen kann. Der Wert der Immobilie wird durch den Einbau einer Wärmepumpe ebenfalls gesteigert.

Der Aspekt der Umweltfreundlichkeit darf nicht außer Acht gelassen werden. Sie produzieren weniger Treibhausgasemissionen, was zu einer Reduzierung der CO_2-Bilanz des Hauses beiträgt.

Durch ihre Vielseitigkeit (Heizung, Kühlung, Warmwasserbereitung) bieten Wärmepumpen eine ganzjährige Komplettlösung für das Raumklima im Eigenheim.

Die Entscheidung für eine Wärmepumpe beim Bau eines neuen Eigenheims ist daher nicht nur ökologisch sinnvoll, sondern kann auch langfristig finanzielle Vorteile bieten. Bauherren sollten sich von Anfang an mit einem qualifizierten Fachmann beraten, um die bestmögliche Lösung für ihre Bedürfnisse zu finden und sicherzustellen, dass die Wärmepumpe optimal in das Baukonzept integriert wird.

Diese Kosten entstehen beim Einbau und dem Betrieb einer Wärmepumpe

Wir unterscheiden zwischen folgenden Punkten:

- Die reinen Anschaffungs- und Materialkosten
- Installation der Wärmepumpe
- Je nach Art der Wärmepumpe die Erschließungskosten
- Stromverbrauch und Wartung pro Jahr

Detailliert aufgeschlüsselt sieht das folgendermaßen aus:

Wasser-Wasser-Wärmepumpe

Anschaffungskosten	9.000 – 13.500 Euro
Installation	5.200 – 6.500 Euro
Erschließung/Brunnenbau (je Brunnen)	5.000 – 6.000 Euro
Strom und Wartung	700 – 1.100 Euro

Sole-Wasser-Wärmepumpe mit Flächen-Kollektoren

Anschaffungskosten	10.000 – 12.000 Euro
Installation	4.000 – 6.500 Euro
Erschließung	15.000 – 20.000 Euro
Strom und Wartung	800 – 1200 Euro

Sole-Wasser-Wärmepumpe mit Erdsonden

Anschaffungskosten	11.000 – 15.400 Euro
Installation	4.500 – 6.500 Euro
Erschließung	21.000 – 30.000 Euro
Strom und Wartung	800 – 1.200 Euro

Luft-Luft-Wärmepumpe

Anschaffungskosten	11.000 − 13.200 Euro
Material/Peripherie	6.500 − 7.200 Euro
Installation	5.800 − 7.650 Euro
Strom und Wartung	1.000 − 1.700 Euro

Luft-Wasser-Wärmepumpe

Anschaffungskosten	12.000 − 15.000 Euro
Material/Peripherie	6.500 − 7.200 Euro
Installation	5.800 − 7.650 Euro
Strom und Wartung	1.000 − 1.700 Euro

Diese Zahlen sind Richtwerte für Neuinstallationen und können individuell variieren. Wenn die neue Heizungsanlage einmal steht, haben Sie die größten Investitionen bereits gestemmt.

Die Betriebskosten kommen zwar als laufende Posten hinzu, doch wenn die Wärmepumpe vorausschauend geplant und fachkundig eingebaut wurde, können Sie sich schon bald über Einsparungen bei den Heizkosten freuen.

Wussten Sie eigentlich, dass es für den von der Wärmepumpe benötigten Strom bei vielen Anbietern Sondertarife gibt? Erkundigen Sie sich bei Ihrem Stromversorger! Die Wärmepumpe bekommt dann einen separaten Stromzähler und Sie können mit dem Sondertarif nochmal einiges sparen.

Die Kosten für die Wartung halten sich in Grenzen: Eine Luft-Luft-Wärmepumpe benötigt hin und wieder einen neuen Filter, bei einer Luft-Wasser-Wärmepumpe muss in regelmäßigen Abständen der Kältemittelkreislauf überprüft werden. Dafür entstehen beim Betrieb einer Wärmepumpe aber keine Ablagerungen, die entfernt werden müssen, da kein Verbrennungsvorgang stattfindet.

Ist die Stromversorgung einer Wärmepumpe mittels Solarenergie realistisch?

Wer seine Unabhängigkeit beim Heizen noch weiter ausbauen möchte, hat sich diese Frage möglicherweise schon gestellt. Der Gedanke ist sehr verlockend, nicht nur unabhängig von Öl und Gas, sondern auch unabhängig von einem externen Stromanbieter heizen zu können. Lassen Sie uns in den folgenden Zeilen einen Blick darauf werfen, wie Ihre Möglichkeiten diesbezüglich aussehen.

Die gute Nachricht lautet: Ja, es ist möglich eine Wärmepumpe mittels Solarenergie zu versorgen. Es gibt zwei Möglichkeiten, sich die Kraft der Sonne zunutze zu machen: Solarthermie oder Photovoltaik. Diese beiden Technologien nutzen die Solarenergie auf unterschiedliche Art. Eine **Solarthermie** fängt die Sonneneinstrahlung ein und bemächtigt sich der Wärmeenergie. Die Wärmepumpe kann nun auf verschiedene Art mit dieser Energie arbeiten.

Die Sonnenenergie wird direkt für den Heizkreislauf verfügbar gemacht oder sie kann zur Wärmequelle umgeleitet werden, beispielsweise zu den Erdsonden oder Kollektoren einer Sole-Wasser-Wärmepumpe.

Bei der letzteren Methode sorgt die eingespeiste Solarenergie dafür, dass der Energieträger, in diesem Fall die Erdwärme, weniger stark erhitzt werden muss. Damit arbeitet die Wärmepumpe zwar nicht komplett autark, doch kann so eine Ersparnis bei den Betriebskosten erreicht werden.

Auch eine **Photovoltaikanlage** kann ihren Beitrag zum Betrieb einer Wärmepumpe leisten. Sie produziert Energie, die der Heizungsanlage zur Verfügung gestellt werden kann. Strom aus der

Steckdose ist dann nicht mehr, oder zumindest nur noch eingeschränkt, erforderlich. Und die Photovoltaikanlage kann sogar noch mehr: Produziert sie mehr Strom, als für den Betrieb einer Wärmepumpe erforderlich ist, können Sie den Überschuss zurück ins allgemeine Stromnetz leiten und damit Geld verdienen: zwischen sechs und neun Cent pro kWh. Mit der Kraft der Sonne können Sie also nicht nur Ihren CO_2-Fußabdruck weiter reduzieren, sondern auch einen Gewinn erwirtschaften.

Eine Luft-Wasser-Wärmepumpe profitiert von der Unterstützung der Solarthermie vor allem an sehr kalten Tagen. Die zusätzlich verfügbare Wärmeenergie sorgt dafür, dass die Außenluft schneller erwärmt wird, was einen positiven Einfluss auf die Effizienz der Wärmepumpe hat.

Ihr Fachbetrieb für Heizungsbau kann Sie individuell beraten, ob der Betrieb einer Photovoltaikanlage oder Solarthermie für Ihre Wärmepumpe sinnvoll ist und welche Anschaffungskosten dafür entstehen. Es sei an dieser Stelle bereits erwähnt, dass die Anschaffung einer Solaranlage für den Betrieb eine Wärmepumpe staatlich gefördert wird. Doch dazu später mehr.

Die Kosten für den nachträglichen Einbau einer Wärmepumpe

Auch in Altbauten ist eine Wärmepumpe eine sinnvolle Investition, die sich auf lange Sicht bezahlt machen wird. Unter der Voraussetzung natürlich, dass die Wärmepumpe für Ihr Haus ausreichend dimensioniert ist.

Die Größe und Kapazität der Wärmepumpe müssen entsprechend der Heizlast des Gebäudes dimensioniert werden. Bei einem Altbau können die Heizlastanforderungen aufgrund ineffizienter

Baustoffe und -methoden variieren. Eine professionelle Heizlastberechnung ist daher unerlässlich, um die richtige Wärmepumpengröße zu bestimmen.

Die vorhandene Heizungsanlage im Altbau muss möglicherweise angepasst oder ergänzt werden, um mit der neuen Wärmepumpe kompatibel zu sein. Der Einbau eines Pufferspeichers, die Optimierung der Heizkörper oder die Integration eines hydraulischen Abgleichs können notwendig werden, um eine gleichmäßige Wärmeverteilung im Gebäude zu gewährleisten.

Die Luft-Wasser-Wärmepumpe besticht in Altbauten durch die kostengünstige Anschaffung sowie durch unkomplizierte Installation. Luft als Energieträger ist leicht verfügbar und muss nicht aufwändig erschlossen werden, wie etwa Grundwasser oder Erdwärme. Erdwärmepumpen hingegen können eine effizientere Lösung bieten, insbesondere in Gebieten mit ausreichender Verfügbarkeit von Erdwärme. Als zusätzlicher Kostenfaktor kommt die Entsorgung des alten Heizkessels hinzu.

Je nach Art der Wärmepumpe, die nachträglich eingebaut werden soll, sehen die Zahlen in etwa so aus:

Luft-Wasser-Wärmepumpe oder Luft-Luft-Wärmepumpe

Kaufpreis und Einbau	8.000 – 16.000 Euro
Entsorgung des alten Heizkessels	2.000 Euro
Gesamt	10.000 – 18.000 Euro

Wasser-Wasser-Wärmepumpe

Hier sind Sie im Vorteil, wenn es schon eine Brunnenanlage auf Ihrem Grundstück gibt. Da Sie dann nur einen und nicht zwei Brunnenschächte ausheben lassen müssen, können Sie einen Teil der Kosten einsparen. Um einen reibungslosen Betrieb zu gewährleisten, sollte vor Beginn der eigentlichen Baumaßnahmen eine Probebohrung stattfinden. So stellen Sie nicht nur sicher, dass das Grundwasservorkommen auf Ihrem Grundstück dauerhaft für den Betrieb einer Wasser-Wasser-Wärmepumpe ausreicht, sondern Sie erhalten auch Aufschluss über etwaige Verunreinigungen wie Sand im Grundwasser. Nichts wäre unerfreulicher, als im laufenden Betrieb der Wärmepumpe festzustellen, dass die Anlage aufgrund fehlender Voraussetzungen nicht wie erhofft arbeitet. Dann wären die Erschließung des Grundwassers, die Anschaffungskosten und der Brunnenbau eine Fehlinvestition gewesen.

Ein Überblick zu den entstehenden Kosten:

Kaufpreis und Einbau	10.000 – 13.000 Euro
Erschließung des Grundwassers	3.000 – 8.000 Euro
Probebohrung/Wassertest	3.000 – 4.000 Euro
Entsorgung des alten Heizkessels	2.000 Euro

Sole-Wasser-Wärmepumpe

Diese Form von Wärmepumpe ist die teuerste. Der nachträgliche Einbau lohnt sich vor allem dann, wenn auf Ihrem Grundstück ohnehin Erdarbeiten anstehen. Es ist Abwägungssache, ob Sie die zusätzlich entstehenden Kosten für die Erschließung der Erdwärme in Kauf nehmen möchten. Andererseits arbeitet eine Erdwärmepumpe später mit hoher Effizienz, was die Anschaffungskosten wieder auffängt.

Die weiteren Kosten variieren je nachdem, ob Sie sich für Flächenkollektoren oder Erdsonden entscheiden.

Ein kurzer Überblick zu den Kosten:

Kaufpreis und Einbau	12.000 – 15.000 Euro
Erschließung der Erdwärme	2.000 – 13.000 Euro
Entsorgung des alten Heizkessels	2.000 Euro

Fazit

Eine Wärmepumpe lohnt sich – auch bei nachträglichem Einbau. Sie erweisen damit nicht nur dem Klima und der Umwelt einen Gefallen, sondern auch den zukünftigen Generationen. Als moderne, saubere und nachhaltige Heizung stellt eine Wärmepumpe auch eine Wertsteigerung Ihrer Immobilie dar. Das gesunde Raumklima, welches eine Wärmepumpe mit sich bringt, spricht ebenfalls dafür. Davon profitieren alle Menschen und Haustiere, selbst wenn Sie nicht mit einer Pollen- oder Stauballergie zu kämpfen haben.

Die Zeiten ändern sich und bleiben nicht stehen – warum sollten Sie dann noch an Ihrer alten, kostspieligen Heizung hängen? Falls Ihnen an dieser Stelle das Argument der hohen Kosten durch den Kopf geht: In Kapitel Elf erfahren Sie alles zur staatlichen Förderung, die für den Einbau einer Wärmepumpe beantragt werden kann.

Wichtige Kennzahlen einer Wärmepumpe

Jahresarbeitszahl JAZ

Ist Ihre Wärmepumpe erst einmal vorhanden, bestehen die Betriebskosten vorwiegend aus den monatlichen Stromabschlägen. Strom ist die Primärenergie, die von jeder Art Wärmepumpe für den Betrieb benötigt wird. Beim Thema Stromverbrauch kommen wir an diesen Zahlen nicht vorbei: an der Jahresarbeitszahl (JAZ) und an der Leistungszahl.

Der Leistungszahl kann entnommen werden, wie viele Kilowattstunden Wärme aus einer Kilowattstunde Strom bei einem bestimmten Betriebszustand erzeugt werden; dieser Wert ist also nur bedingt auf die realen Bedingungen anwendbar.

Relevanter ist dagegen die Jahresarbeitszahl. Die JAZ beschreibt das Verhältnis zwischen der eingesetzten Menge an Strom und der daraus produzierten Wärmemenge bei unterschiedlichen Betriebszuständen der Wärmepumpe über ein ganzes Jahr verteilt.

An diesem Parameter lässt sich letztlich ablesen, ob die Wärmepumpe effizient, wirtschaftlich und umweltschonend arbeitet. Und ob sie einen ausreichenden Wirkungsgrad besitzt.

Je höher die JAZ, desto besser arbeitet die Wärmepumpe. Wie hoch dieser Wert ist, hängt zum Großteil davon ab, mit welchem Energieträger die Anlage arbeitet.

Die höchste JAZ kann von einer **Wasser-Wasser-Wärmepumpe** erwartet werden, da die Temperatur des Grundwassers jahreszeitlich bedingt kaum schwankt; sie liegt in den kalten Monaten nicht viel tiefer als in den warmen.

68

Die durchschnittliche JAZ beträgt etwa fünf: Aus einem Teil Strom werden fünf Teile Wärme.

Ähnlich verhält es sich mit einer **Sole-Wasser-Wärmepumpe.** Insbesondere beim Betrieb über Erdsonden hat diese Bauart eine hohe JAZ, da die Temperaturen in den tieferen Erdschichten ebenfalls geringen jahreszeitlichen Schwankungen unterliegen. Bei Flächenkollektoren kann es davon Abweichungen geben, da diese nicht ganz so tief in die Erde liegen. Doch beide Formen weisen eine ordentliche JAZ auf: Mit Erdsonden liegt sie bei etwa vier, beim Betrieb über Flächenkollektoren leicht unter vier.

Die **Luft-Wasser-Wärmepumpe** oder **Luft-Luft-Wärmepumpe** hat eine vergleichsweise niedrige JAZ zwischen 2,5 und 3,5. Das liegt daran, dass die Umgebungsluft in der kalten Jahreszeit viel stärker erhitzt werden muss als die Wärme der Erde oder des Grundwassers. Für zwei bis drei Teile Wärme benötigt sie also einen Teil Strom. Doch auch hier gibt es zwei Seiten:

Je höher die JAZ, desto größer sind die Kosten für die Erschließung der Wärmequelle, den Kaufpreis und für den Einbau der Wärmepumpe. Die staatliche Förderung einer Wärmepumpe hängt ebenso von der JAZ ab. Doch was bedeutet all das für Ihre Stromkosten, die für den Betrieb einer Wärmepumpe entstehen? Lassen Sie uns einen Blick darauf werfen.

Aus der Jahresarbeitszahl und der Heizleistung der Wärmepumpe lässt sich der ungefähre Stromverbrauch wie folgt ermitteln:

Teilen Sie die abgegebene Heizleistung durch die Jahresarbeitszahl und multiplizieren Sie das Ergebnis mit den Heizstunden pro Jahr. Diese variieren je nach Art der Wärmepumpe, wie die folgenden Beispielrechnungen zeigen.

Wenn eine **Luft-Wasser-Wärmepumpe** eine Leistung von fünfzehn kW erbringt, die JAZ bei drei liegt und etwa 1.800 Stunden pro Jahr geheizt wird, ergibt das einen Stromverbrauch von **9.000 kWh** jährlich.

Angenommen, eine **Sole-Wasser-Wärmepumpe** bringt es auf bis zu fünf kW Leistung bei einer JAZ von vier. Geheizt wird bei diesen Werten bis zu 2.000 Stunden pro Jahr, was in der Summe einen Stromverbrauch von **2.500 kWh** jährlich ergibt.

Wenn eine **Wasser-Wasser-Wärmepumpe** eine Leistung von zehn kW bei einer JAZ von fünf erbringt und von 2.200 Heizstunden ausgegangen wird, beträgt der Stromverbrauch **4.400 kWh** pro Jahr.

Welchen Betrag diese Werte in Euro ergeben, hängt individuell von den Preisen des jeweiligen Stromanbieters ab. Um Ihre jährlichen Ausgaben einschätzen zu können, erkundigen Sie sich am besten bei Ihren Stadtwerken oder Ihrem sonstigen Anbieter nach den Preisen pro kWh und multiplizieren den Preis mit den von Ihnen benötigten Kilowattstunden. An dieser Stelle sei nochmals auf die Sondertarife hingewiesen, die Ihr Stromversorger womöglich zu bieten hat.

Die hier genannten Werte richten sich nach einem durchschnittlichen Einfamilienhaus und können je nach tatsächlicher Wohnfläche und aufgrund weiterer Faktoren höher oder tiefer liegen. Die von Ihnen beauftragte Firma wird Ihnen sicher gerne bei einer individuellen Berechnung behilflich sein.

Leistungszahl COP

Die Abkürzung COP steht für „Coefficient of Performance" (Leistungszahl) und wird verwendet, um die Effizienz einer Wärmepumpe zu beschreiben. Der COP ist das Verhältnis zwischen der abgegebenen Heiz- oder Kühlleistung der Wärmepumpe und der aufgenommenen elektrischen Leistung.

$$COP = \frac{\text{Abgegebene Heizleistung}}{\text{Zugeführte elektrische Leistung}}$$

Ein COP-Wert von beispielsweise zwei bedeutet, dass die Wärmepumpe zwei Einheiten Wärmeenergie für jede verbrauchte Einheit elektrischer Energie liefert.

Ein höherer COP-Wert zeigt an, dass die Wärmepumpe effizienter arbeitet, da mehr Heiz- oder Kühlleistung im Verhältnis zur aufgenommenen elektrischen Energie erzeugt wird. Der COP kann je nach den Bedingungen, unter denen die Wärmepumpe arbeitet, variieren, einschließlich der Außentemperatur und der Heiz- oder Kühlbedingungen im Gebäude. Das bedeutet, dass die Wärmepumpe härter arbeiten muss, wenn es sehr kalt ist, was zu einem niedrigeren COP-Wert führen kann.

Wie man unschwer erkennt, ist der COP einer Wärmepumpe also nicht konstant, sondern wird von verschiedenen Faktoren beeinflusst. Zu diesen zählen Außentemperatur, gewünschte Innentemperatur, der Wärmeübertragungsbereich und die spezifischen Merkmale der Wärmepumpeneinheit selbst.

Daher ist zu empfehlen, die Leistungskennzahlen unter realen Bedingungen zu überprüfen, um eine genaue Bewertung der Wärmepumpeneffizienz vorzunehmen.

71

Wirkungsgrad

Der Wirkungsgrad zeigt an, mit welcher Effizienz eine Wärmepumpe arbeitet. Anders gesagt: An diesem Wert lässt sich ablesen, wie viel Antriebsenergie nötig war, um die daraus resultierende Wärmeenergie zu produzieren. Am höchsten ist der Wirkungsgrad, wenn aus einer Kilowattstunde Strom gleichfalls eine Kilowattstunde Wärme entsteht.

Mit einigen Stellschrauben kann der Wirkungsgrad beeinflusst werden. Eine davon ist die Vorlauftemperatur der Wärmepumpe. Je niedriger dieser Wert liegt, desto effizienter und sparsamer arbeitet die Anlage. Bei einer Wand- oder Fußbodenheizung kommt die Wärmepumpe mit einer niedrigen Vorlauftemperatur aus, was zu höherer Effizienz führt. Mit kleineren Heizkörpern wird nur ein geringerer Wirkungsgrad erreicht, sodass sich die Investition in eine Flächenheizung als rentabel erweisen kann.

Auch die Temperatur des Energieträgers beeinflusst den Wirkungsgrat. Vor allem an sehr kalten Tagen sind Sole-Wasser-Wärmepumpen mit Erdsonden sowie Wasser-Wasser-Wärmepumpen im Vorteil, da sie ganzjährig eine solide Ausgangstemperatur besitzen.

Für eine Luft-Wasser-Wärmepumpe wird mehr Antriebsenergie benötigt, um ausreichend Wärme bereitzustellen. Hierbei sollten jedoch nicht die Vorteile, nämlich die im Vergleich zu den anderen Wärmepumpen günstigen Anschaffungskosten und die unkomplizierte Erschließung der Wärmequelle außer Acht gelassen werden. Das Kältemittel beeinflusst den Wirkungsgrad ebenfalls: Je schneller es verdampft, umso kleiner ist der Wärmeverlust auf dem Weg von der Wärmepumpe in die beheizten Räume. Die von Ihnen beauftragte Fachfirma hat auch diesen Aspekt im Blick und wird Sie dahingehend gerne beraten.

Eine jährliche Wartung ist ratsam, um den Wirkungsgrad im grünen Bereich zu halten. Die Heizungsfachkraft überwacht die Einstellungen der Anlage, um diese gegebenenfalls zu optimieren.

Wenn Ihre Wärmepumpe einige Zeit in Gebrauch war, können Sie den Verdichter gegen einen neuen und effizienteren austauschen, um den Wirkungsgrad zu erhöhen.

Die hier genannten Kennzahlen können ein wichtiges Kriterium bei der Auswahl Ihrer Wärmepumpe sein. Es bleibt eine individuelle Abwägung, welcher Energieträger (Luft, Wasser oder Erde) für Sie und Ihre Immobilie am besten geeignet ist. Vergleichen Sie die Zahlen aus diesem Kapitel und die zu erwartenden Kosten miteinander und finden Sie mit Unterstützung der Heizungsbaufirma heraus, welche Lösung für Sie die effektivste und sinnvollste ist.

Kostenersparnis und Möglichkeiten zur weiteren Kostensenkung

Die immens gestiegenen Kosten für Heizöl und Gas sind kein Geheimnis – die Füllung eines Öltanks kann schnell 2.000 Euro oder mehr kosten, eine Gasrechnung kann noch höher ausfallen. Der CO_2-Ausstoß kommt als erschwerendes Problem hinzu.

Je nachdem, für welche Art Wärmepumpe Sie sich entscheiden, können Sie mindestens die Hälfte der Kosten oder sogar mehr einsparen, wie der folgende Vergleich zeigt:

Jährliche Kosten einer Ölheizung

Energie	2.300 – 2.900 Euro
Wartung	200 – 300 Euro
Gesamt	2.500 – 3.000 Euro

Jährliche Kosten einer Gasheizung

Energie	2.500 – 3.000 Euro
Wartung	250 – 300 Euro
Gesamt	2.750 – 3.500 Euro

Jährliche Kosten einer Wärmepumpe je nach Bauart

Energie	1.350 – 1.700 Euro
Wartung	150 – 300 Euro
Gesamt	1.500 – 2.000 Euro

Wir sehen: Selbst wenn die Kosten für fossile Brennstoffe nennenswert sinken, sind die Betriebs- und Wartungskosten einer Wärmepumpe niedriger als bei einer Gas- oder Ölheizung.

Viele Länder fördern den Austausch von alten Heizungsanlagen. Informieren Sie sich vor einer Neuanschaffung über die aktuellen Fördermöglichkeiten und sparen Sie damit weitere Kosten ein.

Die weiteren Möglichkeiten zur Kostensenkung hier nochmals im Überblick:

- Gute Wärmedämmung des Hauses
- Nutzung eines speziellen Stromtarifs für Wärmepumpen, falls verfügbar
- Höchstmögliche Jahresarbeitszahl (JAZ)
- Ausreichende Dimensionierung der Wärmepumpe (dabei wird Ihnen Ihre Heizungsfirma gerne behilflich sein)
- Volle Ausschöpfung der staatlichen Förderprogramme

Praxisbeispiele von Wärmepumpenprojekten in verschiedenen Anwendungsbereichen

Wohnhaus-Anlagen

Bei Wohnhausanlagen ist es wichtig, die Wärmepumpen entsprechend der Größe und den Anforderungen der gesamten Anlage zu skalieren. Dies erfordert eine sorgfältige Planung und Dimensionierung des Wärmepumpensystems, um eine effiziente und zuverlässige Heiz- und Kühlleistung sicherzustellen.

In unserem Praxisbeispiel besteht die Wohnhausanlage aus mehreren Gebäuden mit insgesamt 50 Wohneinheiten. Die Gebäude sind gut isoliert und verfügen über eine zentrale Heizungs- und Klimaanlage, welche bisher auf fossilen Brennstoffen basiert.

Vor der Umstellung wurde eine gründliche Bedarfsanalyse durchgeführt, um den Wärme- und Kühlbedarf der Wohnhausanlage zu ermitteln. Auf Grundlage dieser Analyse wurde ein Konzept für die Installation der Wärmepumpe entwickelt.

Unter Berücksichtigung der Ergebnisse der Bedarfsanalyse und der örtlichen Gegebenheiten entschied man sich für eine zentrale Luft-Wasser-Wärmepumpe, die an einem zentralen Standort der Wohnhausanlage installiert werden sollte.

Man entschied sich für einen Standort mit einem guten Zugang zur Außenluft und zu den Gebäuden der Wohnhausanlage und installierte die Wärmepumpe gemäß Herstellervorgaben und den örtlichen Bauvorschriften.

Die Wärmepumpe konnte in das bestehende Heiz- und Kühlsystem der Wohnhausanlage integriert werden. Die Leitungen wurden angepasst und ein neues Verteilsystem installiert, um die erzeugte Wärme und Kälte gleichmäßig auf alle Gebäude der Wohneinheiten zu verteilen.

Umfangreiche Tests nach der Installation und ersten Inbetriebnahme stellten sicher, dass alles ordnungsgemäß funktioniert und die erforderliche Leistung erbracht werden kann.

Der Einsatz der Wärmepumpe reduzierte signifikant den Energieverbrauch der Wohnhausanlage und somit auch die Betriebskosten. Die Bewohner der Wohnhausanlage profitierten von einem verbesserten Komfort und einer zuverlässigen Heizungs- und Kühllösung.

Insgesamt ist der Einbau einer Wärmepumpe in einer Wohnhausanlage eine effektive Möglichkeit, den Energieverbrauch zu reduzieren und eine nachhaltige Heizungs- und Kühllösung zu implementieren, die sowohl wirtschaftlich als auch ökologisch sinnvoll ist.

Gewerbekomplex

Ein Gewerbekomplex überlegt auf Wärmepumpentechnologie umzustellen. Der Komplex besteht aus mehreren Gebäuden, darunter Bürogebäude, Geschäfte und ein Lagerhaus. Alle Gebäude sind gut isoliert und verfügen über eine zentrale Heizungs- und Klimaanlage, die bisher auf fossilen Brennstoffen basiert.

In jedem Gebäude wurden die bestehenden fossilen Brennstoffheizungen durch Wärmepumpen ersetzt. Die örtlichen Gegebenheiten erlaubten hier den Einsatz von Wasser-Wasser-Wärmepumpen.

Von einem neu errichteten zentralen Verteilungssystem wurde die erzeugte Wärme oder Kälte von den Wärmepumpen zu den verschiedenen Gebäuden transportiert. In diesem Beispiel umfasste das System ein Netzwerk aus Rohren und Kanälen, welche die Wärme oder Kälte gleichmäßig auf alle Gebäude verteilte.

Ein intelligentes Regelungssystem optimierte die Wärmepumpen, basierend auf verschiedenen Faktoren wie beispielsweise der Außentemperatur, der Innentemperatur, der Gebäudenutzung und den Betriebszeiten.

Um die Umweltfreundlichkeit zu erhöhen und den Energieverbrauch weiter zu reduzieren, konnten erneuerbare Energiequellen in Form von Solarenergie in das System integriert werden. Diese wurden zur direkten Versorgung der Wärmepumpen genutzt oder in das Verteilungssystem eingespeist. Der Gesamtenergieverbrauch reduzierte sich dadurch erheblich.

Welche Vorteile und Ergebnisse ergaben sich aus diesem Projekt? Der Gewerbekomplex wurde durch den Einsatz von Wärmepumpen unabhängiger von fossilen Brennstoffen und die CO_2-Emissionen konnten reduziert werden. Die Betriebskosten wurden langfristig gesenkt, da Wärmepumpen in der Regel effizienter als herkömmliche Heizsysteme sind.

Außerdem bieten Wärmepumpen Flexibilität, indem sie sowohl Heizung im Winter als auch Kühlung im Sommer bereitstellen können, was den Komfort für die Nutzer des Gewerbekomplexes erhöht. Die Integration von erneuerbaren Energien stärkt das Umweltbewusstsein und kann gegebenenfalls zu steuerlichen oder finanziellen Anreizen führen.

Industrielle Anwendung

Eine Lebensmittelverarbeitungsanlage produziert verschiedene Lebensmittel, darunter frische Produkte, verpackte Lebensmittel und Tiefkühlprodukte. Die Anlage benötigt sowohl Wärme für die Produktionsprozesse als auch Kälte für die Lagerung und Kühlung der Produkte. Daher entschied man sich für den nachträglichen Einbau einer Wärmepumpe.

Mehrere Wärmepumpen wurden in der Anlage installiert, um Wärme und Kälte zu erzeugen. Das Unternehmen entschied sich für eine Niedertemperatur-Wärmepumpe für die Kühlung und für eine Hochtemperatur-Wärmepumpe zur Wärmeerzeugung.

Die Wärmepumpen wurden in die verschiedenen Produktionsprozesse der Anlage integriert, um die benötigte Wärme für die Verarbeitung der Lebensmittel bereitzustellen. Zur Kühlung und Lagerung der fertigen Produkte stellten Niedertemperatur-Wärmepumpen Kälte für Kühlräume und Tiefkühllager bereit, um die Qualität und Frische der Produkte zu erhalten.

Genauso wie im Gewerbekomplex wurde ein intelligentes Steuerungssystem implementiert, um den Betrieb der Wärmepumpe zu optimieren. Damit konnten Prozessparameter überwacht werden (zum Beispiel Temperatur und Durchflussrate) und die Leistung der Anlage entsprechend dem Bedarf angepasst werden.

Der Energieverbrauch der Anlage konnte durch den Einsatz von Wärmepumpen reduziert werden, da sie Energie aus der Umgebungsluft nutzen konnte. Das Unternehmen wurde unabhängiger von fossilen Brennstoffen und senkte ihre CO_2-Emissionen.

Durch die Flexibilität der Wärmepumpen (Erzeugung von Kälte und Wärme) konnten verschiedene Anforderungen der Produktionsprozesse abgedeckt werden. Die Effizienzsteigerung über das intelligente Steuerungssystem bewirkte Einsparungen bei den Betriebskosten und eine Erhöhung der Zuverlässigkeit der Anlage.

Landwirtschaftliche Nutzung

Ein landwirtschaftlicher Betrieb betreibt mehrere Gewächshäuser für den Anbau von Gemüse. Um optimale Wachstumsbedingungen zu gewährleisten, ist eine kontrollierte Temperatur in den Gewächshäusern unerlässlich. Außerdem ist eine zuverlässige Wärmequelle erforderlich, um die Pflanzen vor Frostschäden zu schützen, vor allem in der kalten Jahreszeit.

In jedem Gewächshaus wurden Luft-Wasser-Wärmepumpen installiert. Diese Wärmepumpen nutzen die Umgebungsluft als Wärmequelle und erzeugen heißes Wasser, welches dann zur Beheizung der Gewächshäuser verwendet wird.

Die Wärmepumpen konnten in das bestehende Heizungssystem der Gewächshäuser integriert werden, indem das von den Wärmepumpen erzeugte heiße Wasser über die Fußbodenheizungen verteilt wurde.

Zur Überwachung und Regelung der Temperatur wurde ein intelligentes Steuerungssystem installiert. Das System passt die Leistung der Wärmepumpen entsprechend den aktuellen Bedingungen an und sorgt so mit einer gleichbleibenden und optimalen Temperatur für das Pflanzenwachstum.

Durch die zuverlässige und effiziente Beheizung konnte die Pflanzenproduktion verbessert werden.

Die Nutzung der Umgebungsluft als kostenlose Wärmequelle und die effiziente Umwandlung dieser Energie in Heizwärme reduzierte den Energieverbrauch der Wärmepumpen und die Betriebskosten des landwirtschaftlichen Betriebs. Die Nachhaltigkeit des Betriebs konnte erhöht und die CO_2-Emissionen reduziert werden. Durch die Senkung der Betriebskosten trugen die Wärmepumpen langfristig zu einer verbesserten Rentabilität des landwirtschaftlichen Betriebs bei.

Erfahrungsberichte von Nutzern und Fachleuten

Erfahrungsberichte von Hausbesitzern

Heizungssanierung im Einfamilienhaus

Familie Müller (Name geändert) bemerkte, dass das alte Heizungssystem langsam unzuverlässig wurde und die Heizkosten immer weiter stiegen. Sie entschied sich, eine Wärmepumpe in ihr Haus einzubauen. Hier möchte die Familie ihre Erfahrungen mit diesem Prozess teilen:

Im ersten Schritt informierte sie sich über die verschiedenen Arten von Wärmepumpen, um zu verstehen, welche für ihr Haus am besten geeignet sei. Die Familie recherchierte auch nach möglichen staatlichen Förderprogrammen, um die Kosten zu senken.

Nach der Planung fiel die Wahl auf eine Luft-Wasser-Wärmepumpe. Nach dem Vergleich verschiedener Fachfirmen entschied Familie Müller sich letztendlich für einen Anbieter, der sowohl qualitativ hochwertige Produkte als auch einen guten Kundenservice bot.

Obwohl ein größerer Eingriff in das Haus notwendig war, verlief die Installation relativ reibungslos. Das Team, welches die Wärmepumpe installierte, arbeitete professionell und effizient. Auch die Bedienung und Wartung des Systems wurden erklärt.

Im nächsten Schritt mussten die Heizgewohnheiten der Wärmepumpe angepasst werden. Da Wärmepumpen mit niedrigen Vorlauftemperaturen arbeiten, benötigen sie etwas Zeit, bis das Haus auf die gewünschte Temperatur erwärmt ist. Die Optimierung der Einstellungen war jedoch schnell gelernt, um den maximalen Wohnkomfort zu erreichen.

Einer der Hauptgründe für den Einbau einer Wärmepumpe war die erwartete Reduzierung der Energiekosten. Familie Müller war angenehm überrascht, als sie feststellte, dass die Heizkosten tatsächlich, besonders in den Wintermonaten, erheblich gesunken waren.

Auch die Umweltfreundlichkeit war für die Familie neben der Kosteneinsparung ein wichtiges Anliegen. Durch den Einsatz einer Wärmepumpe reduzierten sie ihren CO_2-Ausstoß erheblich und trugen somit zum Umweltschutz bei.

Ihre Schlussfolgerung: *„Wir würden jedem, der über eine Heizungssanierung nachdenkt, eine Wärmepumpe empfehlen."*

Nachträgliche Installation einer Luft-Wasser-Wärmepumpe

Herr Martin Kemp (Name geändert) hat vor einigen Jahren eine Luft-Wasser-Wärmepumpe in seinem Haus installieren lassen. Er berichtet:

Als Hausbesitzer habe ich vor einigen Jahren den Wechsel zu einer Wärmepumpe für unser Heizsystem vornehmen lassen und ich muss sagen, es war eine der besten Entscheidungen, die wir als Familie getroffen haben. Zunächst war ich etwas skeptisch, ob eine Luft-Wasser-Wärmepumpe wirklich effektiv genug sein würde, um unser Zuhause zu heizen, besonders in den kalten Wintermonaten. Aber nachdem wir sie installiert hatten, war ich beeindruckt von ihrer Leistung.

Eines der ersten Dinge, die mir auffielen, war die Reduzierung unserer Energiekosten. Unsere Heizkosten sanken im Vergleich zu unserem alten Gasheizsystem erheblich. Da die Wärmepumpe die natürliche Wärme aus der Umgebungsluft nutzt, um das Haus zu heizen, sind die Betriebskosten viel niedriger. Das war nicht nur gut für unseren Geldbeutel, sondern auch für die Umwelt, da wir unseren CO2-Fußabdruck verringerten.

Ein weiterer großer Vorteil war die gleichmäßige und konstante Wärme im ganzen Haus. Mit unserem alten Heizsystem gab es oft Bereiche, die entweder zu warm oder zu kalt waren, aber mit der Wärmepumpe ist die Temperatur viel gleichmäßiger verteilt. Das hat nicht nur den Komfort erhöht, sondern auch dazu beigetragen, dass wir weniger Energie verschwenden, indem wir versuchen, bestimmte Bereiche des Hauses zu überheizen.

Was mir besonders gefallen hat, ist die Zuverlässigkeit der Wärmepumpe. Seit der Installation hatten wir kaum Probleme damit. Die Wartung ist minimal und die Lebensdauer scheint sehr lang zu sein. Es ist schön zu wissen, dass wir uns keine Gedanken über plötzliche Ausfälle machen müssen und dass die Wärmepumpe uns auch in den kältesten Wintern zuverlässig warmhält.

Insgesamt bin ich äußerst zufrieden mit unserer Entscheidung für eine Wärmepumpe. Sie hat nicht nur unsere Heizkosten gesenkt und den Komfort erhöht, sondern auch dazu beigetragen, unseren ökologischen Fußabdruck zu verringern. Ich würde sie jedem empfehlen, der über eine alternative Heizlösung nachdenkt.

Nachträglicher Einbau einer Sole-Wasser-Wärmepumpe

Familie Stern (Name geändert) nutzt seit zwei Jahren eine Sole-Wasser-Wärmepumpe im Einfamilienhaus. Sie berichtet:

Als umweltbewusste Familie entschieden wir uns vor zwei Jahren für den Einbau einer Sole-Wasser-Wärmepumpe in unserem Haus. Unser Ziel war es, unsere Abhängigkeit von fossilen Brennstoffen zu reduzieren und unseren ökologischen Fußabdruck zu verringern.

Seitdem nutzen wir die Wärmepumpe als Hauptquelle für Heizung und Warmwasser sowie zur Kühlung im Sommer.

Die Installation der Sole-Wasser-Wärmepumpe war ein aufwändiger Prozess, der mehrere Wochen dauerte. Es mussten Erdbohrungen vorgenommen und ein Wärmetauscher im Erdreich verlegt werden. Trotzdem verlief die Installation insgesamt reibungslos, da sie von erfahrenen Fachleuten durchgeführt wurde.

Zu Beginn waren wir skeptisch, ob eine Wärmepumpe unsere Bedürfnisse erfüllen könne. Doch schon bald nach der Inbetriebnahme bemerkten wir eine spürbare Verbesserung der Raumtemperatur und eine deutliche Reduzierung unserer Heizkosten. Die Sole-Wasser-Wärmepumpe erwies sich als äußerst effizient und garantierte uns, unabhängig von den Außentemperaturen, eine konstante Wärmeversorgung.

Im Sommer schalten wir die Wärmepumpe in den Kühlmodus um. Die Kühlleistung ist für unser Haus vollkommen ausreichend und eine zusätzliche Klimaanlage ist nicht notwendig.

Während der Wintermonate bewährte sich die Sole-Wasser-Wärmepumpe besonders gut. Selbst bei extrem kalten Temperaturen war sie in der Lage, ausreichend Wärme zu erzeugen, um unser Zuhause gemütlich warm zu halten. Wir mussten bisher nie auf zusätzliche Heizquellen zurückgreifen.

Nach zwei Jahren Nutzung können wir sagen, dass die Entscheidung zur Installation einer Sole-Wasser-Wärmepumpe eine unserer besten

Investitionen war. Die Energiekosten sind drastisch gesunken und wir fühlen uns gut dabei, einen Beitrag zum Umweltschutz zu leisten. Wir hatten bisher keine größeren Probleme mit der Wärmepumpe, sie hat sich als äußerst zuverlässig erwiesen.

Zudem schätzen wir die Kontinuität und den Komfort, den die Wärmepumpe bietet. Das Haus bleibt konstant warm im Winter und angenehm kühl im Sommer, ohne dass wir ständig die Einstellungen anpassen müssen.

Natürlich gab es anfangs einige Anpassungen und eine gewisse Lernkurve in Bezug auf die Bedienung und Wartung der Wärmepumpe. Aber insgesamt sind wir äußerst zufrieden mit unserer Entscheidung, auf diese nachhaltige Heizlösung umgestiegen zu sein. Die Wärmepumpe hat unsere Erwartungen übertroffen und bietet uns eine zuverlässige, kosteneffiziente und umweltfreundliche Möglichkeit, unser Zuhause zu heizen und mit Warmwasser zu versorgen.

Wir können Sie jedem empfehlen, der nach einer nachhaltigen Alternative zur herkömmlichen Heizung sucht.

Ein Ausstieg aus der Ölheizungsanlage

Familie Paluch (Name geändert) war mit ihrer Ölheizung unzufrieden und beschloss den Wechsel auf eine ökologische Heizmethode. Nach Beratung mit einem Fachmann entschied sich die Familie für eine Luft-Wasser-Wärmepumpe. Das Feedback der Familie:

Unser Wunsch war ein Heizungssystem, dass effizienter und umweltfreundlicher als die vorhandene Ölheizung ist. Wir beauftragten eine Fachfirma mit der Beratung. Nach einer gründlichen Bewertung der Situation und unserer Anforderungen wurde uns der Einbau einer Luft-Wasser-Wärmepumpe empfohlen.

Diese Entscheidung wurde getroffen, da sie nicht nur eine ideale Lösung für unser Einfamilienhaus darstellt, sondern wir auch über ausreichend Platz im Garten verfügen und keine komplizierten Erdbohrungen erforderlich sind.

Die Installation der Wärmepumpe verlief reibungslos innerhalb einer Woche durch ein erfahrenes Fachunternehmen, und das Wärmepumpen-System wurde erfolgreich in das bestehende Heizungssystem des Hauses integriert.

Wir installierten auch einen Warmwasserspeicher, der von der Wärmepumpe gespeist wurde, um den Warmwasserbedarf des Hauses zu decken.

Nach der Inbetriebnahme des Wärmepumpensystems waren wir begeistert von den Ergebnissen. Die Wärmepumpe erwies sich als äußerst effizient und konnte das Haus zuverlässig und kostengünstig beheizen. Wir bemerkten auch einen deutlichen Rückgang der Energiekosten im Vergleich zur vorherigen Ölheizung.

Darüber hinaus sind wir stolz darauf, unser Zuhause nun mit einer nachhaltigen und umweltfreundlichen Quelle zu beheizen und einen Beitrag zum Umweltschutz zu leisten. Unser ökologischer Fußabdruck hat sich vermindert und unsere Kinder können sich über unseren Anteil für eine bessere Zukunft freuen.

Insgesamt war die Installation der Wärmepumpe ein großer Erfolg.

Erfahrungsberichte von Fachleuten

Ein allgemeiner Überblick

Herr Winkler (Name geändert) hat als Fachmann für Wärmepumpen im Laufe seiner beruflichen Laufbahn zahlreiche Installationen, Wartungen und Reparaturen von Wärmepumpensystemen durchgeführt. Er sagt:

„Mein Erfahrungsbericht basiert auf einer breiten Palette von Kundenfeedbacks und persönlichen Beobachtungen.

Wärmepumpen sind äußerst vielseitige und effiziente Heizsysteme, die in verschiedenen Anwendungsbereichen eingesetzt werden können. Eine der herausragenden Eigenschaften ist ihre Fähigkeit, erneuerbare Energiequellen wie Erdwärme, Luft oder Wasser zu nutzen, um Wärme zu erzeugen. Diese Energiequellen sind im Vergleich zu herkömmlichen Brennstoffen in der Regel kostengünstiger und umweltfreundlicher.

Meinen Erfahrungen nach stellten Kunden, die sich für Wärmepumpen entschieden, oft eine deutliche Reduzierung ihrer Heizkosten fest. Insbesondere in gut isolierten Gebäuden können Wärmepumpen einen erheblichen Beitrag zur Senkung der Energiekosten leisten. Darüber hinaus schätzen viele Kunden den Komfort und die gleichmäßige Wärmeverteilung, die eine Wärmepumpe bietet.

Ein wichtiger Aspekt bei der Nutzung von Wärmepumpen ist die regelmäßige Wartung. Durch eine sachgerechte Wartung können potenzielle Probleme frühzeitig erkannt und behoben werden, was die Lebensdauer der Anlage verlängert und Betriebsausfälle minimiert. Ich empfehle meinen Kunden daher, ihre Wärmepumpen regelmäßig von qualifizierten Fachleuten warten zu lassen, um eine optimale Leistung sicherzustellen.

In einigen Fällen können jedoch auch Herausforderungen auftreten, insbesondere wenn die Wärmepumpe nicht ordnungsgemäß dimensioniert oder installiert wurde. Zu den häufigsten Problemen gehören unzureichende Heizleistung, Geräuschentwicklung oder unerwartete Ausfälle.

In solchen Situationen ist es wichtig, dass sich Kunden an erfahrene Fachleute wenden, um die Ursache des Problems zu ermitteln und geeignete Maßnahmen zu ergreifen.

Alles in allem habe ich festgestellt, dass Wärmepumpen eine äußerst effektive und nachhaltige Heizlösung darstellen, die sowohl für Privathaushalte als auch für gewerbliche Anwendungen geeignet ist. Mit der richtigen Planung, Installation und Wartung können Wärmepumpen dazu beitragen, den Energieverbrauch zu senken und gleichzeitig den Komfort zu verbessern."

Frau Bogner (Name geändert) ist langjährige Expertin auf dem Gebiet der Heizungs- und Klimatechnik. Sie hat zahlreiche Wärmepumpeninstallationen in verschiedenen Umgebungen und Anwendungsbereichen durchgeführt.

„Meine Erfahrungen mit Wärmepumpen sind durchweg positiv und ich sehe sie als eine der fortschrittlichsten und effizientesten Lösungen für die Heizungs- und Warmwasserversorgung.

Eine der bemerkenswertesten Eigenschaften von Wärmepumpen ist ihre Vielseitigkeit. Sie können in nahezu jedem Gebäudetyp installiert werden, sei es ein Einfamilienhaus, ein Gewerbegebäude oder sogar in industriellen Anlagen. Auch die landwirtschaftliche Nutzung bietet viel Potential. Diese Flexibilität ermöglicht es, maßgeschneiderte Heiz- und Kühllösungen für die spezifischen Anforderungen jedes Kunden zu entwickeln.

Darüber hinaus beeindruckt mich die Effizienz von Wärmepumpen immer wieder aufs Neue. Durch die Nutzung erneuerbarer Energiequellen wie Luft, Wasser oder Erdwärme können Wärmepumpen einen Großteil ihrer benötigten Energie kostenlos aus der Umwelt beziehen. Dies führt nicht nur zu erheblichen Kosteneinsparungen für die Endnutzer, sondern trägt auch maßgeblich zur Reduzierung der CO_2-Emissionen bei.

Natürlich erfordern die Installation und Wartung von Wärmepumpen ein gewisses Maß an Fachkenntnissen und Erfahrung. Als Fachfrau für Wärmepumpen ist es meine Aufgabe sicherzustellen, dass die Anlagen ordnungsgemäß dimensioniert, installiert und gewartet werden, um eine optimale Leistung und Zuverlässigkeit zu gewährleisten.

In meiner Arbeit sehe ich immer wieder, wie zufrieden die Kunden mit ihren Wärmepumpen sind. Sie schätzen nicht nur die Einsparungen bei den Energiekosten, sondern auch den Komfort, den eine zuverlässige und effiziente Heizungsanlage bietet. Alles in allem bin ich überzeugt, dass Wärmepumpen eine Schlüsselrolle in der Zukunft der nachhaltigen Gebäudetechnik spielen und freue mich darauf, weiterhin dazu beizutragen, diese innovative Technologie voranzutreiben."

Luft-Wasser-Wärmepumpe im Wohnkomplex

Herr Nikolic (Name geändert) ist Fachmann auf dem Gebiet der erneuerbaren Energien und Gebäudetechnik. Er hat im Laufe der Jahre zahlreiche Erfahrungen mit Wärmepumpen gesammelt.

Eine Erfahrung ist ihm besonders im Gedächtnis geblieben:

„In einem Wohnkomplex mit mehreren Einheiten wurde ich damit beauftragt, eine umweltfreundliche und kosteneffiziente Heiz- und

Kühllösung zu implementieren. Nach einer gründlichen Analyse der Anforderungen und der örtlichen Gegebenheiten entschieden wir uns für den Einsatz von Wärmepumpen.

Die Auswahl der Wärmepumpen basierte auf verschiedenen Faktoren wie der Größe der Einheiten, der Isolierung der Gebäude und den klimatischen Bedingungen vor Ort. Wir entschieden uns für Luft-Wasser-Wärmepumpen, da sie flexibel einsetzbar waren und keine umfangreichen Erdbohrungen oder ähnliche Maßnahmen erforderten.

Die Installation verlief reibungslos und das Wärmepumpensystem wurde erfolgreich in das bestehende Heizungs- und Kühlsystem integriert. Ein intelligentes Regelungssystem wurde implementiert, das es ermöglichte, die Leistung der Wärmepumpen basierend auf den aktuellen Bedingungen und dem Energiebedarf der Bewohner zu optimieren.

Seit der Inbetriebnahme des Wärmepumpensystems reduzierte sich der Energieverbrauch signifikant, was zu erheblichen Kosteneinsparungen für die Bewohner führte.

Gleichzeitig konnten wir die CO_2-Emissionen des Wohnkomplexes erheblich senken, was zur Verbesserung der Umwelt beiträgt. Die Bewohner des Komplexes haben das neue Heiz- und Kühlsystem positiv aufgenommen. Sie schätzen den verbesserten Komfort und die konstante Temperatur in ihren Wohnungen. Darüber hinaus sind sie sich bewusst, dass sie einen Beitrag zum Umweltschutz leisten, indem sie ein nachhaltiges Heizsystem nutzen.

Insgesamt war die Implementierung von Wärmepumpen in diesem Wohnkomplex ein großer Erfolg. Es hat gezeigt, dass Wärmepumpen eine effiziente und umweltfreundliche Lösung für die Heizung und Kühlung von Gebäuden sind und dazu beitragen können, den Energieverbrauch zu reduzieren und die CO_2-Emissionen zu senken."

Die Entscheidung für eine Luft-Wasser-Wärmepumpe aus der Sicht einer Fachfrau

Frau Schulz (Name geändert) arbeitet ebenfalls als Fachfrau für erneuerbare Energien und Gebäudetechnik. Im Laufe ihrer Karriere hat auch sie Wärmepumpen in Einfamilienhäusern realisiert. Eine der Erfahrungen, welche ihr gut im Gedächtnis geblieben ist:

„Ein Einfamilienhausbesitzer suchte nach einer effizienten und umweltfreundlichen Heizungslösung für sein Zuhause. Das Haus befand sich in einer Region mit kalten Wintern und warmen Sommern.

Nach einer gründlichen Analyse der Gebäudeeigenschaften und der örtlichen Gegebenheiten empfahl ich dem Kunden die Installation einer Luft-Wasser-Wärmepumpe. Diese Option schien am besten geeignet zu sein, da das Haus über einen ausreichend großen Garten verfügte, der Platz für das Außengerät der Wärmepumpe bot.

Außerdem war die Luft als kostenlose Energiequelle verfügbar, was die Kosten für den Betrieb weiter senkte.

Die Installation der Wärmepumpe verlief reibungslos. Das Außengerät wurde im Garten des Kunden platziert, während das Innengerät im Keller des Hauses installiert wurde. Ein erfahrenes Installateur-Team kümmerte sich nicht nur um die Montage und Verbindung der Geräte, sondern auch um die Integration des Systems in das bestehende Heizungssystem des Hauses.

Nach Abschluss der Installation wurde das Wärmepumpensystem in Betrieb genommen. Ich führte den Kunden durch die verschiedenen Funktionen des Systems und erklärte ihm, wie er die Temperatur steuern und den Energieverbrauch optimieren konnte. Der Kunde war beeindruckt von der Benutzerfreundlichkeit des Systems und der Möglichkeit, die Heizung und Warmwasserbereitung über ein zentrales Bedienfeld zu steuern.

Seit der Inbetriebnahme der Wärmepumpe hat der Kunde eine signifikante Reduzierung seiner Heizkosten festgestellt. Das System lieferte zuverlässig warmes Wasser und behielt auch bei extrem kalten Außentemperaturen eine angenehme Innentemperatur im Haus bei. Der Kunde war auch beeindruckt von der ruhigen Betriebsweise der Wärmepumpe und der geringen Umweltbelastung im Vergleich zu fossilen Brennstoffheizungen.

Die Installation der Wärmepumpe war ein voller Erfolg und half dem Kunden, seine Heizkosten zu senken und seinen ökologischen Fußabdruck zu verringern. Der Kunde war mit der Leistung und Effizienz der Wärmepumpe äußerst zufrieden und würde sie jedem empfehlen, der nach einer umweltfreundlichen Heizungslösung sucht."

Evaluierung von Kosten, Nutzen und Effizienz in realen Szenarien

Die Evaluierung

Die Evaluierung von Kosten, Nutzen und Effizienz bei Wärmepumpen ist entscheidend, um fundierte Entscheidungen über deren Einsatz zu treffen. Welche Aspekte sind wichtig und müssen bei der Bewertung berücksichtigt werden?

Investitionskosten

Zuerst müssen die Kosten für den Kauf und die Installation der Wärmepumpe betrachtet werden. Damit sind der Preis der Wärmepumpe selbst sowieso die Kosten für die Installation inklusive eventueller Anpassungen am Gebäude oder am Heizungssystem sowie ein eventueller Rückbau gemeint.

Betriebskosten

Die Betriebskosten umfassen die Energiekosten für den Betrieb der Wärmepumpe und eventuelle Wartungs- und Reparaturkosten im Laufe der Zeit. Diese Kosten sollten über die ungefähre Lebensdauer der Wärmepumpe hinweg betrachtet werden.

Energieeffizienz

Für die langfristige Rentabilität ist die Energieeffizienz einer Wärmepumpe entscheidend. Eine effiziente Wärmepumpe kann die Betriebskosten senken und die Umweltauswirkungen minimieren.

94

Die Energieeffizienz wird oft durch den COP (Coefficient of Performance) gemessen, der angibt, wie viel Wärme oder Kälte eine Wärmepumpe im Verhältnis zur aufgewendeten Energie erzeugt.

Nutzungs- und Lebensdauer

Die Nutzungsdauer einer Wärmepumpe kann stark variieren, aber eine längere Lebensdauer bedeutet in der Regel eine bessere Rentabilität. Die Lebensdauer hängt von verschiedenen Faktoren, einschließlich der Qualität der Wärmepumpe, der Installation und der regelmäßigen Wartung ab.

Förderungen und Anreize

In immer mehr Regionen stehen staatliche Förderungen, Steuervergünstigungen und andere Anreize zur Verfügung. Diese können die Kosten für den Kauf und die Installation einer Wärmepumpe reduzieren und sollten daher in die Gesamtbewertung einbezogen werden.

Umweltauswirkungen

Im Vergleich zu herkömmlichen Heizsystemen können Wärmepumpen dazu beitragen, den CO_2-Ausstoß zu reduzieren und die Umweltbelastung zu verringern. Deshalb sollten diese in Ihrer Rechnung ebenfalls berücksichtigt werden.

Um eine umfassende Kosten-Nutzen-Analyse, die alle relevanten Faktoren berücksichtigt, durchführen zu können, sollte man diese Aspekte im Hinterkopf behalten. Auf diese Weise kann eine fundierte Entscheidung getroffen werden, die sowohl wirtschaftlich als auch ökologisch sinnvoll ist.

Szenario: Nachträglicher Einbau einer Luft-Wasser-Wärmepumpe in einem Einfamilienhaus

Ein Einfamilienhaus mit einer Wohnfläche von 150 Quadratmetern soll von einem bestehenden fossilen Heizsystem auf eine Wärmepumpe umgestellt werden. Das Haus befindet sich in einer Region mit gemäßigtem Klima, in der sowohl Heizung im Winter als auch Kühlung im Sommer erforderlich sind. Die Wärmepumpe wird als Luft-Wasser-Wärmepumpe installiert, da das Haus über einen Garten verfügt, der ausreichend Platz für die Außeneinheit bietet.

Parameter und Überlegungen

- Investitionskosten: Die Kosten für die Wärmepumpe selbst, einschließlich Installation und gegebenenfalls notwendiger Anpassungen am Heizungssystem und Gebäude. Eventuell staatliche Förderungen oder Anreize, die die Investitionskosten reduzieren könnten.
- Betriebskosten: Die Energiekosten für den Betrieb der Wärmepumpe im Vergleich zu den Betriebskosten des bisherigen Heizsystems. Wartungs- und Reparaturkosten im Laufe der Lebensdauer der Wärmepumpe zählen ebenfalls zu den Betriebskosten.
- Energieeffizienz: Der COP-Wert der Wärmepumpe gibt an, wie effizient sie Wärme aus der Umgebungsluft aufnimmt und in Heizenergie umwandelt. Dieser wird mit dem bisherigen Heizsystem hinsichtlich Energieeffizienz und potentieller Einsparungen verglichen.
- Nutzungs- und Lebensdauer: Die erwartete Nutzungsdauer der Wärmepumpe und die voraussichtliche Lebensdauer der einzelnen Komponenten. Vergleich mit der Lebensdauer des bisherigen Heizsystems und potenzieller Ersatzkosten.
- Umweltauswirkungen: Die Reduzierung der CO_2-Emissionen durch den Einsatz der Wärmepumpe im Vergleich zum

bisherigen Heizsystem. Mögliche Umweltauswirkungen durch die Herstellung und Entsorgung der Wärmepumpe.

Bewertung

Die Kosten-Nutzen-Analyse basiert auf der Berechnung der Gesamtkosten über die Lebensdauer der Wärmepumpe und dem Vergleich mit dem potenziellen Nutzen wie Energieeinsparungen, verbessertem Komfort und Umweltvorteilen. Eine effiziente Wärmepumpe mit niedrigen Betriebskosten und langfristigen Einsparungen wird als wirtschaftlich sinnvoll erachtet. Die Bewertung sollte auch die ökologischen Auswirkungen berücksichtigen, um sicherzustellen, dass die Wärmepumpe eine umweltfreundliche Alternative darstellt.

Kosten

Anschaffungskosten: Die Kosten für die Wärmepumpe selbst variieren je nach Modell, Leistung und Hersteller. In diesem Szenario gehen wir von Anschaffungskosten in Höhe von 10.000 Euro aus.

Installationskosten: Diese hängen von der Komplexität des Einbaus, der Größe des Hauses und den örtlichen Gegebenheiten ab. Hier belaufen sich die Installationskosten auf 3.000 Euro.

Betriebskosten: Die Betriebskosten umfassen die Energiekosten für den Betrieb der Wärmepumpe sowie eventuelle Wartungs- und Reparaturkosten. Diese betragen in diesem Einfamilienhaus durchschnittlich 800 Euro.

Nutzen

Energieeinsparungen: Durch den Einsatz der Wärmepumpe werden die Heizkosten im Vergleich zu einem konventionellen Heizsystem voraussichtlich deutlich reduziert. Die jährlichen Einsparungen belaufen sich in diesem Beispiel auf 600 Euro.

Komfortsteigerung: Die Wärmepumpe bietet eine gleichmäßige und zuverlässige Heizung sowie gegebenenfalls Kühlung im Sommer an, was den Wohnkomfort erhöht und das Wohlbefinden der Bewohner steigert.

Effizienz

Energieeffizienz: Die Wärmepumpe hat einen COP-Wert von vier, was bedeutet, dass sie das Vierfache an Heizleistung im Vergleich zur aufgenommenen elektrischen Leistung erzeugt.

Umweltfreundlichkeit: Die Nutzung einer Wärmepumpe trägt zur Reduzierung von CO_2-Emissionen bei und unterstützt somit den Umweltschutz.

Gesamtbewertung

Unter Berücksichtigung der oben genannten Zahlen und Annahmen ergibt sich folgende Gesamtbewertung:

Anschaffungs- und Installationskosten	13.000 Euro
Jährliche Betriebskosten	800 Euro
Jährliche Einsparungen	600 Euro
COP der Wärmepumpe	4

Die Wärmepumpe bietet deutliche Energieeinsparungen und einen verbesserten Wohnkomfort. Die Investitionskosten amortisieren sich innerhalb weniger Jahre, und die langfristigen Einsparungen übersteigen die anfänglichen Kosten. Die hohe Energieeffizienz der Wärmepumpe und ihre Umweltfreundlichkeit machen sie zu einer attraktiven Option für die nachhaltige Beheizung und Kühlung des Einfamilienhauses.

Szenario: Umstellung auf eine Wärmepumpe in einem mittelgroßen Unternehmen

Ein mittelgroßes Unternehmen in einer Region mit gemäßigtem Klima plant, sein bestehendes Heizungssystem durch eine Wärmepumpe zu ersetzen. Das Unternehmen verfügt über Bürogebäude, Produktionshallen und Lagerflächen, welche beheizt und gekühlt werden müssen. Das Ziel ist es, die Energiekosten zu senken, die Umweltbelastung zu reduzieren und den Komfort für die Mitarbeiter zu verbessern.

- Klare Ziele festlegen und definieren: Beispielsweise Reduzierung der Energiekosten, Senkung der Umweltauswirkungen oder Verbesserung der Betriebseffizienz.
- Analyse des aktuellen Energieverbrauchs: Datenerfassung über den aktuellen Energieverbrauch des Unternehmens, einschließlich der Kosten und der Quellen für Heizung und Kühlung.
- Bewertung der technischen Anforderungen: Untersuchung der spezifischen Anforderungen des Unternehmens an Heizung und Kühlung sowie Eignung einer Wärmepumpe, diese Anforderungen zu erfüllen.
- Kosten-Nutzen-Analyse: Durchführung einer detaillierten Kosten-Nutzen-Analyse, um potenzielle Einsparungen durch den Einsatz einer Wärmepumpe zu ermitteln. Dabei müssen die Investitionskosten für die Anschaffung und

99

Installation der Wärmepumpe sowie die langfristigen Betriebskosten im Vergleich zu herkömmlichen Heiz- und Kühlsystem berücksichtigt werden.

- Energieeffizienz und Umweltauswirkungen: Bewertung der Energieeffizienz im Vergleich zu anderen Systemen und Analyse der potenziellen Umweltauswirkungen, einschließlich der Reduzierung von Treibhausgasemissionen.

- Finanzielle Anreize und Fördermöglichkeiten: Prüfung vorhandener finanzieller Anreize und Fördermöglichkeiten für die Implementierung von Wärmepumpen, um die Gesamtkosten zu reduzieren.

- Risikobewertung: Identifizierung und Bewertung von Risiken im Zusammenhang mit der Implementierung und dem Betrieb der Wärmepumpe. Das schließt potenzielle technische Probleme, finanzielle Risiken und mögliche Auswirkungen auf den Geschäftsbetrieb mit ein.

- Entscheidungsfindung und Implementierung: Basierend auf den Ergebnissen der Analyse wird eine fundierte Entscheidung darüber getroffen, ob die Installation einer Wärmepumpe für das Unternehmen sinnvoll ist. Dabei werden Kosten, Nutzen, Energieeffizienz und Risiken berücksichtigt.

- Überwachung und Optimierung: Kontinuierliche Überwachung des Betriebs der Wärmepumpe und Optimierung der Einstellungen im Bedarfsfall. Dies führt zu einer Effizienzmaximierung und stellt die langfristige Rentabilität sicher.

Durch eine sorgfältige Durchführung dieser Schritte kann eine fundierte Entscheidung über die Installation einer Wärmepumpe in einem mittelgroßen Unternehmen getroffen werden, wodurch die Kosten gesenkt, die Effizienz verbessert und die Umweltbelastung reduziert werden.

Szenario: Einbau einer Wärmepumpe in einem neuerrichteten Einfamilienhaus

Eine Familie lässt ein neues Haus errichten und muss sich für ein Heizsystem entscheiden: Eine Wärmepumpe wird in Betracht gezogen.

Um festzustellen, ob eine Wärmepumpe in ihrem Haus Sinn macht, führt sie einige Analysen durch.

Kosten-Nutzen-Analyse

- Anschaffungskosten: Vergleich der Anschaffungskosten einer Wärmepumpe mit anderen Heizsystemen wie zum Beispiel einer Gasheizung oder einer elektrischen Widerstandsheizung.
- Betriebskosten: Schätzung der langfristigen Betriebskosten der Wärmepumpe basierend auf den aktuellen Energiepreisen und dem erwarteten Energieverbrauch des Hauses. Die jährlichen Wartungskosten müssen ebenfalls berücksichtigt werden.
- Energieeinsparungen: Berechnung der erwarteten Energieeinsparungen im Vergleich zu herkömmlichen Heizsystemen. Die Effizienz einer Wärmepumpe kann dazu führen, dass man langfristig weniger Energie verbraucht und somit die Energierechnungen reduziert.

Effizienz-Evaluierung

- COP: Untersuchung des COP der Wärmepumpe, der angibt, wie effizient die Wärmepumpe Wärme aus der Umgebungsluft, dem Wasser oder dem Boden (je nach Wahl der Wärmepumpenart) extrahieren kann. Eine höhere COP bedeutet eine höhere Effizienz.

- Heizlastberechnung: Durchführung einer Heizlastberechnung, um den Wärmebedarf des Hauses zu bestimmen. Basierend auf dieser Berechnung kann die richtige Größe der Wärmepumpe gewählt werden, um die Effizienz zu maximieren und unnötige Kosten zu vermeiden.
- Lebensdauer und Zuverlässigkeit: Berücksichtigung der Lebensdauer der Wärmepumpe sowie deren Zuverlässigkeit und Wartungsanforderungen. Eine zuverlässige Wärmepumpe mit einer langen Lebensdauer kann langfristig Kosten senken.

Nach Durchführung dieser Analysen kann festgestellt werden, ob die Installation einer Wärmepumpe im Neubau des Hauses sowohl ökonomisch als auch ökologisch sinnvoll ist. Fallen die Kosten-Nutzen-Analyse und die Effizienzbewertung positiv aus, kann die Wärmepumpe eine rentable und effiziente Heizlösung für das neue Zuhause der Familie sein.

Angenommen, das Haus wird eine Größe von 150 Quadratmetern in einer Region mit durchschnittlichen Klimabedingungen ausweisen und die Familie überlegt die Anschaffung einer Luft-Wasser-Wärmepumpe für die Heizung und Warmwasserbereitung, so würde die Analyse folgendermaßen aussehen:

Anschaffungskosten	Installation Luft-Wasser-Wärmepumpe	10.000 Euro
Jährliche Betriebskosten	Basierend auf dem aktuellen Strompreis und dem erwarteten Energieverbrauch	800 Euro
Energieeinsparung	Im Vergleich zu einer Gasheizung jährlich 40 % Einsparung	600 Euro

Effizienz-Evaluierung		
COP		3,5
Heizlastberechnung	Notwendige Größe der Wärmepumpe	10 kW
Lebensdauer und Zuverlässigkeit	Lebensdauer von 15 Jahren, jährliche Wartungskosten	100 Euro

Unter Berücksichtigung dieser Zahlen ergibt sich folgende Bewertung: Die Gesamtkosten für die Wärmepumpe über 15 Jahre belaufen sich auf 23.500 Euro

Anschaffungskosten	10.000 Euro
Betriebskosten (15 Jahre x 800 Euro)	12.000 Euro
Wartungskosten (15 Jahre x 100 Euro)	1.500 Euro
Gesamtkosten	**23.500 Euro**

Die Energieeinsparung über 15 Jahre beträgt:

Einsparung pro Jahr	900 Euro
1.500 Euro Wartungskosten	
600 Euro Energieeinsparung	
Gesamteinsparungen über 15 Jahre	**13.500 Euro**

In diesem Fall würde sich die Installation einer Wärmepumpe aufgrund der langfristigen Energieeinsparung und der Effizienz der Wärmepumpe finanziell lohnen. Die Wärmepumpe generiert über einen Zeitraum von 15 Jahren ungefähr 10.000 Euro an Nettoeinsparungen.

Zukunftsperspektiven und Forschungsausblick

Der Trend geht immer mehr Richtung effizienter Energienutzung. Dadurch ist die Wärmepumpe in den letzten Jahren zunehmend in den Mittelpunkt der Forschung gerückt. Die Zukunftsaussichten sind vielversprechend und bieten Potentiale für weiteres Wachstum und Innovationen. Hier sind einige Schlüsselbereiche, die die Forschungsarbeiten an Wärmepumpen prägen:

Steigerung der Effizienz und Verbesserung der Leistung

Durch innovative Ansätze in der Materialforschung, Optimierung von Komponenten und Verbesserung der Regelungstechnik sollen Wärmepumpen noch effizienter und leistungsstärker werden.

Aktuell wird an der Verbesserung der Wärmetauscher-Technologie gearbeitet. Optimierte Oberflächenstrukturen und Materialien sollen darauf abzielen, die Wärmeübertragungseffizienz zu verbessern.

Entwicklung neuer Kältemittel

Umweltfreundliche Kältemittel bilden einen wichtigen Schwerpunkt der Forschung. Ziel ist es, herkömmliche Kältemittel durch solche mit geringerem Treibhauspotential zu ersetzen, um den ökologischen Fußabdruck der Wärmepumpe zu verringern.

Integration von Energiespeichern

Die Integration von Energiespeichern wie Wärmespeichern oder thermischen Batterien kann die Effizienz von Wärmepumpen-

105

systemen erhöhen. Diese Speicher können überschüssige Wärme oder Kälte binden, um sie bei Bedarf zu einem späteren Zeitpunkt zu nutzen.

Die Entwicklung effizienter Wärmespeichertechnologien ist ein weiterer vielversprechender Forschungsbereich. Fortschritte in der Wärmespeicherung ermöglichen eine bessere Anpassung von Wärmepumpen an die variablen Energieangebote erneuerbarer Quellen.

Optimierung von Regelungs- und Steuerungssystemen

Die Entwicklung fortschrittlicher Regelungs- und Steuerungssysteme ermöglicht eine präzisere Steuerung der Wärmepumpenleistung und eine bessere Anpassung an variable Betriebsbedingungen. Dies kann zu einer verbesserten Effizienz und Leistung führen.

Simulation und Modellierung

Durch den Einsatz fortschrittlicher Simulations- und Modellierungstechniken können Forscher die Leistung von Wärmepumpensystemen unter verschiedenen Betriebsbedingungen vorhersagen und optimieren. Dies erlaubt es, Designänderungen virtuell zu testen und die Effizienz im Voraus zu maximieren.

Digitalisierung und KI (Künstliche Intelligenz)

Neue Möglichkeiten eröffnet der Einsatz von Künstlicher Intelligenz. Durch intelligente Regelungssysteme und Datensammlung (zum Beispiel Wetterprognosen, Aktivitäten von Nutzern im Haushalt) kann der Betrieb von Wärmepumpen optimiert und an individuelle Nutzungsprofile angepasst werden.

106

In Zukunft könnten Wärmepumpen sogar in der Lage sein, vorherzusagen, wann Wartungs- oder Reparaturarbeiten notwendig sind. Dadurch könnten nicht nur aktiv Probleme verhindert werden, sondern die Wartungskosten verringert und die Lebensdauer verlängert werden.

Hybridtechnologien

Bei dem Hybridansatz wird die Kombination von Wärmepumpen mit anderen Heiztechnologien wie beispielsweise Brennwertkesseln erforscht. Dabei soll die Flexibilität und Effizient von Wärmepumpensystemen weiter gesteigert werden.

Man erkennt anhand dieser Punkte, dass die Wärmepumpentechnologie sich zurzeit im steten Wandel befindet. Zukünftige Entwicklungen werden dazu beitragen, die Nachhaltigkeit, Effizienz und Anwendungsbereiche von Wärmepumpen deutlich zu verbessern. Wärmepumpen spielen eine entscheidende Rolle in der zukünftigen Energieversorgung.

Ausblick auf eine neue Wärmepumpen-Technologie

Zurzeit arbeiten Forschende der Abteilung IPM am Fraunhofer-Institut an der Entwicklung **elektrokalorischer Wärmepumpen** als Alternative zur momentan vorherrschenden Kompressor-Technologie.

Im Zuge der Wärmewende und des globalen Ziels einer fossilfreien Wärmeversorgung ist man, wie bereits erwähnt, bemüht, Alternativen für die klimaschädlichen Kältemittel zu finden – bisher allerdings ohne eine zufriedenstellende Lösung. Dadurch kam die Idee auf, eine neue Wärmepumpe ohne Kompressor zu entwickeln, die gleichzeitig auch effizienter als bisherige Wärmepumpen werden soll.

Das Prinzip hinter der elektrokalorischen Wärmepumpe bildet der elektrokalorische Effekt. Dabei handelt es sich um ein physikalisches Phänomen, bei dem sich die Temperatur eines Materials (zum Beispiel Keramik oder Polymere) ändert, wenn man ein elektrisches Feld darauf anwendet.

Bei diesem Effekt ändern sich durch Anlegen eines elektrischen Feldes die Dipole in einem Material, was eine Temperaturveränderung herbeiführt.

Vergangenes Jahr ist ein Meilenstein in der Leistungselektronik gelungen: eine ultra-effiziente Schaltungstopologie für Spannungswandler mit 99,74 Prozent elektrischem Wirkungsgrad. Dieses Ergebnis setzt nicht nur weltweit neue Maßstäbe, sondern ist auch ein wichtiger Schritt auf dem Weg zu einer leistungsfähigeren Wärmepumpe.

Zum Vergleich: Heutige Wärmepumpen erreichen nur etwa 50 Prozent des physikalischen Carnot-Limits, während die elektrokalorische Wärmepumpe theoretisch 85 Prozent schaffen kann. Beim Carnot-Wirkungsgrad handelt es sich um den höchsten theoretisch möglichen Wirkungsgrad bei der Umwandlung von thermischer in mechanische Energie.

Wie erfolgreich elektrokalorische Wärmepumpen letztendlich sind, hängt zu einem großen Teil vom Wirkungsgrad der integrierten Leistungselektronik ab. Diese muss ultra-effizient sein.

Damit beschäftigt sich die Abteilung IAF am Fraunhofer-Institut. Sie ist für die Entwicklung der Ansteuerungselektronik zuständig. Bauelemente auf Basis des Halbleiters Galliumnitrid sollen Leistungsdichte und Wirkungsgrad erhöhen.

Den Forschenden ist es erstmals gelungen, eine Leistungselektronik speziell für Elektrokalorik zu entwickeln und zu optimieren. Damit konnte eine ultra-effiziente Schaltungstopologie für Spannungswandler basierend auf GaNTransistoren realisiert werden. Das Ergebnis kann sich sehen lassen: ein elektrischer Wirkungsgrad von 99,74 Prozent. Der bisherige weltweite Forschungsstand von unter 90 Prozent wurde damit übertroffen.

Was bedeutet diese Forschung für die Zukunft? Zum ersten Mal ist die Umsetzung einer elektrokalorischen Wärmepumpe realistisch und es ist zu erwarten, dass sie deutlich über 50 Prozent der maximalen theoretischen Leistungszahl erreichen wird. Natürlich besteht noch Forschungsbedarf, doch können wir davon ausgehen, dass eine neue, effizientere, emissionsfreie Wärmepumpen-Technologie den Markt erobern wird.

Planung ist die halbe Miete – eine neue Wärmepumpe soll einziehen!

Sie haben nun viel theoretisches Wissen gesammelt und wollen in eine Wärmepumpe investieren. Das folgende Kapitel widmet sich den Themen, die Sie beim Kauf unterstützen.

Vor der Anschaffung

Vorausschauende Planung vermeidet viel Ärger und Kosten. Zuallererst sollte man sich ein Bild vom Gebäude machen. Überlegen Sie, wo der Anschluss erfolgen soll. An welcher Stelle kann man die Heizungshydraulik verbinden? Im Idealfall besitzen Sie bereits einen Haustechnikraum im Erdgeschoss oder Keller.

Überprüfen Sie die elektrischen Voraussetzungen für den Betrieb der Wärmepumpe, insbesondere wenn es sich um eine elektrisch betriebene Wärmepumpe handelt. Stellen Sie sicher, dass das elektrische System des Gebäudes ausreichend dimensioniert ist, um den zusätzlichen Strombedarf der Wärmepumpe zu decken.

Wichtig ist auch die Frage, wo die Außenanlage aufgestellt werden soll. Beachten Sie nicht nur die gesetzlichen Bestimmungen, sondern auch Nachbarn, die von der Außeneinheit abgeschreckt werden könnten. Ein klärendes Vorabgespräch, wo man auf den niedrigen Geräuschpegel hinweist, vermeidet spätere Konflikte.

Grundregeln zur Konfliktvermeidung:

- Informieren Sie sich über die Vorgaben Ihres (Bundes-) Landes bezüglich des maximalen Schallleistungspegels.

- Auswahl des richtigen Geräts, Planung und Platzierung

- Prüfung der Aufstellungsvarianten (außen oder innen)

- Eine Innenaufstellung ist unproblematisch. Die Wärme pumpe wird dabei vom Baukörper entkoppelt. Eine fach gerechte Planung der Luftkanäle (Herstellervorgaben be achten) ist empfehlenswert.

Dämmung des Hauses

Damit die Wärmepumpe effizient arbeiten kann, ist eine gleichmäßige Raumtemperatur wichtig. Die Außenwände müssen hierfür gut gedämmt sein. Ältere Fenster gelten als häufigste Kältebrücke. Überprüfen Sie Ihre Fenster und überlegen Sie, ob ein Austausch Sinn ergibt.

Heizkörper

Am effektivsten arbeitet eine Wärmepumpe mit Flächenheizkörpern. Dazu zählen eine Fußbodenheizung sowie Wandflächenheizungen. Das Wasser in den Heizkörpern wird nicht so heiß wie bei einer Heizungsanlage mit fossilen Brennstoffen. Bei einem gut gedämmten Haus können allerdings auch kleine Heizkörper ausreichen. Sollten sie nicht über eine Flächenheizung verfügen, empfehlen wir eine Beratung, ob ein Umbau sinnvoll ist.

Der Platz für die Außeneinheit

Die Außeneinheit steht im Idealfall außerhalb des Haustechnikraums beziehungsweise des Raums, an dem sie an die Heizungsanlage angeschlossen wird.

Das Gerät muss mindestens drei Meter Abstand zum Nachbargrundstück haben. Achten Sie darauf, dass die Wärmepumpe keine Haus- oder Garagenwände anbläst (Schallreflexion) und dass die Luft nicht unmittelbar zum Nachbarn ausgeblasen wird. Als Schutz eignen sich zum Beispiel natürliche Barrieren wie Sträucher oder Hecken. Ein Gartenzaun kann ebenfalls als Sicht- und Anblasschutz dienen. Durch eine freie Aufstellung des Geräts vermeiden Sie Luftströme. Dabei ist die Einhaltung der Mindestabstände laut Anleitung ausreichend. Eine überschlagsmäßige Ermittlung der zu erwartenden Schallemissionen kann Ihnen ebenfalls bei der Auswahl des richtigen Geräts helfen.

Aktuelle Modelle der Luft-Wasser-Wärmepumpen sind inzwischen schon technisch sehr weit fortgeschritten und nicht nur geräuscharm, sondern auch deutlich effizienter als ältere Geräte. Es lohnt sich daher, in ein neues Modell zu investieren.

Die Sicherheitsabstände müssen außerdem unbedingt eingehalten werden, damit das brennbare Propan, welches als Kältemittel eingesetzt wird, nicht ins Gebäude eindringt. Fenster, die sich in unmittelbarer Nähe zur Wärmepumpe befinden, müssen nachweislich so umgebaut werden, dass sie sich nicht mehr öffnen lassen. Es reicht, den Griff abzumontieren und diesen Vorgang per Video zu dokumentieren. In unmittelbarer Nähe darf sich auch kein Bodenablauf befinden. Alte Belüftungsöffnungen müssen entweder verschlossen oder zugebaut werden.

Vor der Anschaffung der Wärmepumpe muss der Rückbau der aktuellen Heizungsanlage bedacht und in Auftrag gegeben werden. Für die Entsorgung eines Öltanks beispielsweise muss eine dafür zertifizierte Firma engagiert werden. Die fachgerechte Entsorgung muss Ihnen als schriftlicher Nachweis bestätigt werden.

Folgende Werte sollten Sie im Vorfeld mithilfe von Apps errechnen:

- Heizlast
- JAZ (Jahresarbeitszahl)
- Schallleistung

Mit diesen Werten und der eigenen Grundstückssondierung können Sie die für Ihren Haushalt passende Luft-Wasser-Wärmepumpe erwerben.

Vor dem Einbau

Auch der Rückbau der alten Heizungsanlage muss organisiert werden. Da Sie in diesem Zeitraum über keine Heizmöglichkeit verfügen, empfiehlt sich der Wechsel in den wärmeren Monaten.

Stellen Sie sicher, dass der Montagestandort für die Wärmepumpe vorbereitet ist. Dies umfasst die Installation einer geeigneten Fundamentplatte oder Montageplattform gemäß den Herstelleranweisungen sowie die Bereitstellung von ausreichend Platz für den Anschluss von Rohrleitungen und Kabeln.

Fertigen Sie einen Plan an, wo Sie die einzelnen Komponenten der Wärmepumpe platziert haben möchten. Es ist hilfreich, die gewählten Plätze mit Fotos zu dokumentieren. Diese helfen später beim Bohren der Maueröffnungen für die Leitungen und bei der Ortsfindung für das Fundament für die Außeneinheit.

Ist der Bau des Fundaments nicht selbst durchführbar, so sollte er in Auftrag gegeben werden. Für eine Wärmepumpe eignet sich am besten ein betoniertes Fundament oder ein Betonsockel von rund 10 cm Dicke. Das Fundament muss eben, glatt und waagrecht sein, um für einen sicheren Stand zu gewährleisten. Um die Standsicherheit und den Frostschutz zu erhöhen, empfiehlt sich ein Unterbau mit einer mindestens 30 cm dicken Kiesschicht.

Im laufenden Betrieb entstehen erhebliche Mengen an Kondenswasser: bis zu 50 Liter täglich. Diese Menge muss über ein Kondensat-Rohr abfließen können. Das Rohr sollte in der Mitte des Fundaments angelegt werden, einen Durchmesser von mindestens 50 mm haben, frostfrei verlegt sein und bei einem wasserdurchlässigen Untergrund senkrecht 90 cm in die Tiefe verlegt werden.

Das Kondensat-Rohr muss ein ausreichendes Gefälle haben, um die entstehende Kondensflüssigkeit in den frostfreien Bereich des Erdreiches zu leiten.

Bei der Ausrichtung des Geräts sollten Sie auf die Hauptwindrichtung achten. Meistens kommt der Wind aus Westen. Die Ausblas-

114

Öffnung sollte daher nicht in diese Richtung zeigen. Ansonsten wird der Wind zurück in die Wärmepumpe geblasen, was einen Kurzschluss verursachen kann.

Die Pumpe wird über zwei isolierte Rohre entweder direkt mit den Heizungsrohren oder mit einem Pufferspeicher im Haus verbunden. Ein hydraulisches Rohr sorgt für hineinfließendes warmes Wasser und das andere für hinausfließendes kaltes Wasser. Dafür ist eine Wanddurchführung mithilfe einer Kernbohrung notwendig. Sollte die Kernbohrung im Installationspaket nicht beinhaltet sein, so lohnt sich der Preisvergleich.

Durchschnittlich kann man bei einer Kernbohrung mit einem diamantbestückten Bohrer mit ungefähr 5 Euro/cm Durchmesser des Bohrlochs rechnen.

Bitte beachten Sie, dass durch die Wanddurchführung nicht nur die isolierten, hydraulischen Rohre führen müssen, sondern auch die Elektrik. Die Wanddurchführung muss im Anschluss isoliert werden.

Achtung: Ihre Wärmepumpe benötigt meistens einen 400-Volt-Starkstromanschluss, der in jedem Fall von einer Elektrikerin oder einem Elektriker installiert und in Betrieb genommen werden muss. Fachfremden Personen ist dies nicht gestattet.

Beauftragen Sie einen qualifizierten Fachbetrieb für die Installation der Wärmepumpe. Stellen Sie sicher, dass die Installation gemäß den geltenden Vorschriften und Herstellerrichtlinien durchgeführt wird, um eine einwandfreie Funktionsweise und Effizienz der Anlage zu gewährleisten.

Die Inbetriebnahme

Bevor Sie Ihre neue Wärmepumpe das erste Mal starten, besprechen Sie folgende Punkte noch einmal gemeinsam mit Ihrem Installateur:

Mechanische Komponenten

- Überprüfen Sie das Gehäuse und das innere Rohrleitungssystem auf Schäden.

- Überprüfen Sie, ob der Heizwasserkreislauf gefüllt und vollständig entlüftet ist.

- Überprüfen Sie, ob das Gebläse ungehindert laufen kann.

Elektrik

- Überprüfen Sie, ob die Stromversorgung (Spannung, Frequenz) zu den technischen Angaben auf dem Typenschil passt.

- Überprüfen Sie alle elektrischen Anschlüsse auf festen Sitz und auf mögliche Beschädigungen. Kontrollen Sie das Rohrsystem.

- Überprüfen Sie alle Ventile und die Fließrichtungen des Wassers.

- Überprüfen Sie das Gerät innen und außen auf mögliche undichte Stellen.

- Überprüfen Sie die Dämmung aller Rohre.

- Füllen Sie das Inbetriebnahmeprotokoll aus.

Nach Beendigung der Anlagenüberprüfung kann die Wärmepumpe in Betrieb genommen werden

- Schalten Sie die Stromversorgung ein.

- Folgen Sie dem Startmenü und geben Sie die Daten zu Sprache, Datum und Betriebsmodus ein.

- Schalten Sie die Wärmepumpe ein.

- Die Umwälzpumpe läuft sofort an. Nach 30 Sekunden startet der Ventilatormotor.

- Nach weiteren 5 Sekunden beginnt der Verdichter zu arbeiten.

- Anfangs könnte Luft aus dem Heizungswasser entweichen; dann ist es notwendig, die Anlage zu entlüften. Wenn die Wärme- oder Umwälzpumpe oder das Heizelement danach noch blubbernde Geräusche von sich gibt, muss das gesamte System entlüftet werden.

- Sobald die Anlage stabil läuft (mit korrektem Druck und ohne Luft in der Anlage), kann der Regler nach Bedarf eingestellt werden.

- Überprüfen Sie die Temperaturdifferenz zwischen Heizungsvorlauf und -rücklauf.

- Eine fachkundige individuelle Anpassung der Parameter der Wärmepumpenanlage wird empfohlen.

- Füllen Sie das Inbetriebnahmeprotokoll aus.

Die Lebensdauer einer Wärmepumpe

Bei der Investition in eine Wärmepumpe ist die Lebensdauer dieses Systems von entscheidender Bedeutung. Verschiedene Faktoren wie die Qualität der Anlage, die Wartung, die Betriebsbedingungen und die Intensität der Nutzung haben Einfluss. In der Regel können moderne Luftwärmepumpen bei ordnungsgemäßer Wartung und Installation eine Lebensdauer von etwa 15 bis 20 Jahren erreichen.

Sehen wir uns diese Faktoren genauer an:

Qualität der Komponenten: Hochwertige Komponenten führen in der Regel zu einer längeren Lebensdauer. Dies betrifft vor allem Bauteile wie Kompressor, Wärmetauscher und Ventile.

Installation: Fehlerhafte Installationen können zu übermäßigem Verschleiß und Funktionsstörungen führen. Daher ist eine fachgerechte Installation entscheidend.

Wartung und Instandhaltung: Damit ist nicht nur die regelmäßige Überprüfung durch den Fachmann, sondern auch das regelmäßige Reinigen und Überprüfen von Luftfiltern, Kühlmittel und der Anlage selbst gemeint.

Betriebsbedingungen: Die Lebensdauer einer Wärmepumpe wird durch die Häufigkeit der Nutzung, die Umgebungstemperatur und die Art des Betriebs erheblich beeinflusst.

Obwohl moderne Wärmepumpen robust und langlebig sind, stehen sie vor verschiedenen Herausforderungen, die ihre Lebensdauer verkürzen können. Dazu zählt beispielweise der Verschleiß durch häufige Nutzung. Auch Umweltfaktoren wie Extremtemperaturen, Feuchtigkeit oder Verschmutzung können die Leistung und Lebensdauer einer Wärmepumpe beeinträchtigen. Auch eine vernachlässigte Wartung und Instandhaltung kann zu Funktionsstörungen führen und damit die Lebensdauer erheblich verkürzen.

Optimierungspotential findet man in den Bereichen Wartung, Qualität der Komponenten und der Optimierung des laufenden Betriebs. Nur durch regelmäßige Wartung kann eine optimale Leistung und Lebensdauer sichergestellt werden. Die Verwendung von hochwertigen Komponenten und Materialien während der Installation und Wartung trägt ebenfalls zur Optimierung bei. Die Betriebsoptimierung, wozu die Einstellung der richtigen Temperaturen und die Vermeidung übermäßiger Belastungen zählen, verbessert die Lebensdauer ebenfalls.

Es ist ratsam, sich an die vom Hersteller empfohlenen Wartungsrichtlinien zu halten und bei Bedarf professionelle Hilfe in Anspruch zu nehmen. Fortschritte in der Technologie führen ebenfalls zu effizienteren und langlebigeren Wärmepumpen, sodass zukünftige Modelle möglicherweise eine längere Lebensdauer haben könnten.

Lebensdauer im Vergleich zu anderen Heizungssystemen

Zum Abschluss dieses Kapitels wollen wir uns noch einmal die Lebensdauer der anderen Heizungssysteme im Vergleich zur Wärmepumpe ansehen.

Ölheizungen haben eine durchschnittliche Lebensdauer von mindestens 20 Jahren. Danach ist ein Austausch erforderlich. Die Voraussetzungen sind auch hier eine regelmäßige Wartung und hochwertige Komponenten.

Moderne **Gasheizungen** haben eine Lebensdauer von mindestens 15 Jahren. Dabei handelt es sich allerdings meist um Durchschnittsangaben der Hersteller. Durch gute Pflege und regelmäßige Wartung kann eine Gasbrennwertheizung auch 20 Jahre oder länger im Betrieb sein.

Eine **Pelletheizung** kann 20 Jahre oder länger genutzt werden. Heiztechnik, Wartung und die Nutzung von hochwertigen Holzpellets spielen hier eine große Rolle.

Zuletzt sehen wir uns die **Fernwärme-Heizung** an. Die Lebensdauer einer Fernwärme-Übergabestation beträgt ganze 30 Jahre. Auch hier sollte eine regelmäßige Wartung durchgeführt werden.

Wie man die Effizienz der Wärmepumpe erhöhen kann

Effizienz bei extremen Temperaturen

Immer wieder hört man, dass Wärmepumpen bei extremen Temperaturen im Winter nicht mehr gut funktionieren. Dieses hartnäckige Gerücht wollen wir in diesem Abschnitt aus dem Weg räumen.

Eine Studie der Universität Oxford im Jahr 2023 hat ergeben, dass Wärmepumpen selbst bei extrem niedrigen Temperaturen doppelt so effizient wie Öl- und Gasheizungen arbeiten. Sogar bei Temperaturen von bis zu minus 30 Grad Celsius übertreffen Wärmepumpen herkömmliche Öl- und Gasheizungen.

In den Tests musste die Zusatzheizung der Wärmepumpe erst dann eingeschaltet werden, wenn die Temperaturen unter minus 10 Grad Celsius fielen. Bei höheren Temperaturen lieferten die getesteten Wärmepumpen die benötigte Wärme mit einem hohen Wirkungsgrad.

Da in den meisten europäischen Ländern, unter anderem auch Österreich, mildere Winter vorherrschen, eignen sich Wärmepumpen also sehr gut als umweltfreundlicher Ersatz für fossile Brennstoffe. Doch was passiert an den Tagen im Jahr, wo die Temperaturen unter minus 10 Grad Celsius fallen? Sinkt die Außentemperatur nicht unter minus 20 Grad Celsius, so liefern Erde, Wasser und Umgebungsluft noch immer ausreichend Wärme, um das Haus mittels Wärmepumpe aufzuheizen.

Luft-Wasser-Wärmepumpen, welche außerhalb des Hauses installiert sind, werden durch die automatische Abtaufunktion vor

Vereisung geschützt. Der einzige Nachteil an extrem kalten Tagen liegt im geringfügig höheren Stromverbrauch. Doch auch da kann man etwas gegensteuern, wie Sie in Kürze erfahren werden.

Für diese kalten Tage kann man Geräte mit einem Elektroheizstab, sofern nicht vorhanden, nachrüsten Dieser nimmt den Betrieb auf, sobald der Pufferspeicher der Wärmepumpe auf normalem Weg nicht mehr mit ausreichend Wärme versorgt wird. Im Durchschnitt beträgt der Anteil am Stromverbrauch maximal fünf Prozent des gesamten jährlichen Heizbedarfs.

Der erhöhte Stromverbrauch an kalten Tagen ist daher selbst in sehr strengen Wintern nicht übermäßig, wobei aber vor allem der energetische Zustand Ihres Hauses eine entscheidende Rolle spielt. Der energetische Zustand eines Hauses bezieht sich auf verschiedene Aspekte seiner Energieeffizienz, Wärmedämmung und Energieverbrauch.

Folgende Faktoren helfen Ihnen, den Stromverbrauch so niedrig wie möglich zu halten:

- Gute Wärmedämmung des Hauses (auch von Kältebrücken wie Fenster und Türen sowie der Fassade)
- Geringe Vorlauftemperaturen, welche durch eine gute Dämmung erzielt werden können
- Gut gedämmte Warmwasserleitungen
- Verwendung passender Heizkörper (zum Beispiel Fußbodenheizung oder Wandflächenheizung)
- Kombination mit einer Solar- oder Photovoltaikanlage
- Einsatz eines Stromspeichers (Achtung, hohe Anschaffungskosten)

Ordnungsgemäße Dämmung des Hauses

Die Dämmung eines Hauses ist ein entscheidender Aspekt für Energieeffizienz, Komfort und Kostenersparnis. Eine gute Dämmung trägt dazu bei, den Wärmeverlust im Winter zu reduzieren und die Hitze im Sommer draußen zu halten. Hier sind einige wichtige Aspekte der Hausdämmung:

- Wärmedämmung: Die Wärmedämmung besteht aus Materialien wie Glaswolle, Steinwolle, Polystyrol oder Polyurethan, die in Wänden, Dächern und Böden installiert werden, um den Wärmeverlust zu reduzieren. Eine effektive Wärmedämmung hilft, die Raumtemperatur stabil zu halten und den Bedarf an Heizung oder Kühlung zu verringern.
- Luftdichtung: Neben der Wärmedämmung ist auch eine luftdichte Bauweise wichtig, um unkontrollierten Luftaustausch zu verhindern. Lecks und Undichtigkeiten in der Gebäudehülle können den Energieverbrauch erhöhen und den Komfort beeinträchtigen. Luftdichtungsmaßnahmen wie Dichtungsbänder, Dichtungsmassen und luftdichte Bauteile sind daher entscheidend.
- Dampfsperren und Dampfbremsen: Dampfsperren und Dampfbremsen werden verwendet, damit Feuchtigkeit aus dem Gebäudeinneren nicht in die Bauteile eindringt und dort kondensiert. So werden Bauschäden wie Schimmelbildung und Fäulnis verhindert und die Langlebigkeit der Baustruktur wird erhöht.
- Fenster und Türen: Fenster und Türen sind oft Schwachstellen in der Gebäudehülle, durch die Wärme verloren geht. Die Verwendung von energiesparenden Fenstern und Türen mit Mehrfachverglasung und thermischen Unterbrechungen kann den Wärmeverlust reduzieren und den Wohnkomfort verbessern.
- Dachdämmung: Eine effektive Dachdämmung ist besonders wichtig, da Wärme tendenziell nach oben steigt.

Dachböden sollten daher mit ausreichender Dämmung versehen werden, um Wärmeverluste durch das Dach zu minimieren.

- Boden- und Kellerdämmung: Auch der Boden und der Keller eines Hauses sollten gedämmt werden, um den Wärmeverlust zu reduzieren und die Energieeffizienz zu verbessern. Dies kann durch die Verwendung von Dämmmaterialien unter dem Bodenbelag oder um die Kellerwände herum erreicht werden.

Insgesamt trägt eine gut geplante und umgesetzte Dämmung dazu bei, den Energieverbrauch zu senken, den Wohnkomfort zu steigern und die Umweltbelastung zu reduzieren. Es ist wichtig, die individuellen Anforderungen und Gegebenheiten des Gebäudes zu berücksichtigen und eine Dämmstrategie zu entwickeln, die darauf abzielt, die bestmöglichen Ergebnisse zu erzielen.

Regelungstechnik und Smart-Home-Integration

Die Zukunft des Wohnens ist digital. „Smart Home" steht für eine Wohnumgebung, die dank moderner Technologien in der Lage ist, ihre Bewohner zu unterstützen, zu schützen und den Alltag einfacher zu gestalten.

Da Wärmepumpen heizen, kühlen und Warmwasser aufbereiten können, liegt auf der Hand, dass eine Integration in Smart-Home-Systeme sinnvoll ist.

Nach Vernetzung der Wärmepumpe mit dem Smart-Home-System kann diese mittels Smartphone-App oder über eine Web-Oberfläche gesteuert und überwacht werden. So können Sie zum Beispiel die Temperatur einstellen, Betriebszeiten planen oder den aktuellen Energieverbrauch überprüfen.

Anforderungen der Wärmepumpe

Möchten Sie Ihre Wärmepumpe in ein Smart-Home-System integrieren, so sollten Sie bereits vor dem Kauf darauf achten, dass diese „smart-ready" ist. Das bedeutet, dass sie über eine Schnittstelle zur Integration verfügt.

Ebenso sollten Sie sicherstellen, dass Ihr Smart-Home-System mit der Smart-ready-Wärmepumpe durch eine gemeinsame Kommunikationsschnittstelle kompatibel ist.

Vorteile

Möglichkeiten zur Anpassung durch intelligente Steuerung können die Effizienz der Wärmepumpe erhöhen.

Durch transparente Überwachung sind Sie jederzeit über den aktuellen Betriebsstatus im Bild. Dadurch können Sie leichter Einsparpotenziale identifizieren.

Smart-Home-Revolution: Ein kleiner Blick in die Zukunft

In atemberaubender Geschwindigkeit erleben wir gegenwärtig die kontinuierliche Weiterentwicklung der Smart-Home-Technologie. Besonders beeindruckend sind die Fortschritte in Bereichen wie Künstliche Intelligenz und maschinelles Lernen, die faszinierende Möglichkeiten eröffnen, die Nutzung von Wärmepumpen noch effizienter und komfortabler zu gestalten. Werfen wir einen kleinen Blick in die Zukunft, beleuchten das Potenzial dieser Entwicklungen und betrachten wir gleichzeitig die Herausforderungen, die mit der Implementierung einhergehen.

125

Die Integration von Wärmepumpen in Smart-Home-Systeme verspricht eine Revolution im Bereich der Energieeffizienz und des Wohnkomforts. Ein besonders vielversprechender Aspekt ist die Möglichkeit, dass zukünftige Smart-Home-Systeme aus dem individuellen Nutzerverhalten lernen und die Betriebszeiten der Wärmepumpen automatisch anpassen können. Dadurch wird nicht nur die Effizienz maximiert, sondern auch der Komfort für die Bewohner gesteigert.

Trotz dieser vielversprechenden Aussichten sind bei der Implementierung von Wärmepumpen in Smart-Home-Systeme gewisse Herausforderungen zu meistern. Die Sicherheit und Datenschutzaspekte stehen dabei im Vordergrund, um das Vertrauen der Nutzer zu gewinnen und mögliche Bedenken hinsichtlich der Privatsphäre auszuräumen. Ebenso gilt es, technische Standards zu etablieren, um eine nahtlose Integration verschiedener Systeme zu gewährleisten.

Zusammenfassend lässt sich feststellen, dass das Verschmelzen von Wärmepumpen und Smart-Home-Systemen einen bedeutenden Fortschritt auf dem Weg zu einem energieeffizienten und komfortablen Zuhause darstellt. Die Potenziale dieser fortschrittlichen Entwicklung sind enorm und versprechen nicht nur eine Steigerung der Energieeffizienz, sondern auch eine Verbesserung des Wohnkomforts.

Die Herausforderungen sind real, doch mit einer sorgfältigen Planung und kontinuierlichen Innovationen können wir optimistisch in eine Zukunft blicken, in der Smart Homes und Wärmepumpen eine Schlüsselrolle in nachhaltigen Energielösungen spielen.

Smart-Grid-Integration (SG-Ready)

Um sich flexibel an die Schwankungen der Energieversorgung anzupassen und für eine verbesserte Netzstabilität zu sorgen, haben Sie die Möglichkeit, eine Smart-Grid-Ready-Wärmepumpe anzuschaffen.

Die Wärmepumpe gilt als das Heizsystem der Zukunft und kann auch aktiv am Lastmanagement des Stromnetzes teilnehmen.

Doch zuallererst: Was bedeutet Smart-Grid-Integration? Smart Grid steht für „intelligente Stromnetze". Diese sollen in die Energieinfrastruktur integriert werden. Smart Grids nutzen fortschrittliche Technologien, Kommunikationsnetze und Steuerungssysteme, um Energieflüsse in Echtzeit zu überwachen, zu steuern und zu optimieren. Sie ermöglichen eine nahtlose Integration von erneuerbaren Energiequellen wie Solar- und Windenergie in das Stromnetz. Durch die Überwachung von Wetterbedingungen und Energieerzeugungskapazitäten können Smart Grids den Einsatz erneuerbarer Energien optimieren und die Netzstabilität gewährleisten. Sie können den Energieverbrauch überwachen, analysieren und optimieren. Als Verbraucher erhält man Einblick in seinen Energieverbrauch und kann durch zeitgesteuerte Tarife oder automatisierte Lastverschiebungen die Energiekosten senken.

Energiespeichertechnologien wie Batteriespeicher oder Pumpspeicherkraftwerke können ebenfalls in Smart Grid integriert werden. Dort helfen diese Speichersysteme, Spitzenlasten zu glätten, den Netzstromausgleich zu verbessern und die Zuverlässigkeit des Stromnetzes zu erhöhen.

Die wachsende Verbreitung von Elektrofahrzeugen stellt neue Anforderungen an die Energieinfrastruktur. Smart Grids können Elektrofahrzeuge in das Netz integrieren, indem sie die Ladung in Zeiten geringer Nachfrage priorisieren oder bidirektionales Laden ermöglichen, bei dem Fahrzeuge als mobile Energiespeicher dienen.

Smart Grids nutzen fortschrittliche Automatisierungs- und Steuerungstechnologien, um den Netzbetrieb zu optimieren, Fehler schneller zu erkennen und zu beheben sowie die Netzstabilität und -zuverlässigkeit zu verbessern.

Die Integration von Smart Grids spielt eine Schlüsselrolle bei der Transformation des Energiesektors hin zu einer nachhaltigeren und resilienteren Energieinfrastruktur, die den aktuellen und zukünftigen Anforderungen gerecht wird. Durch die Nutzung von Daten und Technologie können Smart Grids dazu beitragen, die Effizienz zu steigern, den CO_2-Ausstoß zu reduzieren und die Energieversorgung zuverlässiger und kosteneffizienter zu gestalten.

Das „SG-Ready-Label" wird vom Bundesverband Wärmepumpe (BWP) vergeben.

Im Praxisbetrieb erhält die Wärmepumpe über ein Energiemanagementsystem die Mitteilung, dass im Moment kostengünstige Energie aus der Photovoltaik-Anlage oder dem Stromnetz zur Verfügung steht. Die Wärmepumpe prüft nun den Bedarf und startet beziehungsweise wechselt gegebenenfalls den Betrieb. Wird der Strom der Wärmepumpe über einen speziellen Wärmepumpenstromtarif bezogen, so gibt es auch die Möglichkeit, dass das Smart Grid darüber informiert, wenn man die Wärmepumpe kurzzeitig vom Stromnetz trennen sollte, um Lastspitzen auszugleichen. Dies ist für maximal zwei Stunden pro Tag möglich.

Ein weiterer Vorteil ist die kostengünstige Heizung mit einer Photovoltaikanlage. Produziert die Photovoltaikanlage mehr Strom als benötigt, wird dieser meist ins Stromnetz eingespeist, wofür man einen geringen Betrag erhält.

Günstiger wird es dank Smart Grid jedoch, wenn der überschüssige Solarstrom zu Heizzwecken genutzt wird: Meldet die Photovoltaikanlage der SG-Ready-Schnittstelle, dass überschüssiger Strom vorhanden ist, wird der Warmwasserspeicher im Haus mithilfe des Heizstabs auf ungefähr 65 Grad Celsius erwärmt.

Die elektrische Energie wird damit als thermische Energie zwischengespeichert, die in den kommenden Tagen genutzt werden kann, um das Haus kostengünstig zu heizen oder für die Herstellung von Warmwasser (zum Beispiel für Dusche, Vollbad).

Die Wichtigkeit von Vorlauftemperatur und Druck

Die Vorlauftemperatur und der Druck sind entscheidende Parameter im Zusammenhang mit Wärmepumpen und Heizsystemen. Zur Sicherstellung von Effizienz, Sicherheit und Leistungsfähigkeit sind Überwachung und Kontrolle wichtig.

Vorlauftemperatur

Die Effizienz der Wärmepumpe wird direkt durch die Vorlauftemperatur beeinflusst. Niedrigere Vorlauftemperaturen ermöglichen in der Regel eine höhere Effizienz. Dies gilt besonders bei Luft-Wasser-Wärmepumpen. Daher kann die Auswahl der optimalen Vorlauftemperatur basierend auf den spezifischen Anforderungen des Systems den Energieverbrauch minimieren.

Eine zu hohe Vorlauftemperatur kann zu Überhitzung führen, während eine zu niedrige Vorlauftemperatur den Heizbedarf möglicherweise nicht ausreichend deckt.

Nicht zu vergessen ist der Einfluss auf die Raumtemperatur: Nur eine gut eingestellte Vorlauftemperatur kann für angenehme Bedingungen im Gebäude sorgen. Die Vorlauftemperatur muss an die Außentemperatur angepasst werden. In den meisten Systemen wird die Vorlauftemperatur über einen Außentemperaturfühler oder eine sogenannte Heizkurze geregelt. Die korrekte Steuerung ist daher essenziell.

Bei einem Außentemperaturfühler wird die aktuelle Temperatur außerhalb des Hauses gemessen. Die Wärmepumpe berechnet auf dieser Basis, wie viel Wärmeleistung erforderlich ist, um die eingestellte Innentemperatur zu halten. Die richtige Platzierung des Fühlers, geschützt vor direkter Sonneneinstrahlung und Wind, ist dafür wichtig.

Bei der Steuerung mittels Heizkurve wird die Leistung in Abhängigkeit von der gemessenen Außentemperatur geregelt. In diesem Fall ist es äußerst wichtig, dass die Heizkurve richtig an Ihr Gebäude und die tatsächlichen Wärmeverluste angepasst ist.

Überprüfen Sie von Zeit zu Zeit, ob die Raumtemperaturen auch tatsächlich den eingestellten Werten entsprechen. Bei Abweichungen kann man die Heizkurve nachjustieren.

Druck

In einem geschlossenen Heizungssystem wie dem einer Wärmepumpe muss stets ein ausreichender Druck vorhanden sein. Nur dann kann eine gleichmäßige Durchflussmenge und damit verbunden eine effiziente Wärmeübertragung im gesamten Kreislauf gewährleistet bleiben. Der Druck muss regelmäßig überwacht werden, um sicherzustellen, dass das System nicht überlastet wird. Überhöhter Druck kann zu Schäden an Komponenten führen, was wiederum die Effizienz beeinträchtigen und zu teuren Reparaturen führen kann.

Doch wie stellt man den richtigen Druck ein? Der richtig eingestellte Mindestdruck hängt von der Höhendifferenz zwischen der Wärmequelle und dem höchsten Punkt des Systems ab. Die Faustformel lautet: Der Druck sollte 0,1 bar pro Höhenmeter über dem Niveau der Wärmequelle betragen, mindestens jedoch 0,5 bar.

Die meisten Wärmepumpen verfügen über ein Manometer am Gerät selbst oder am Pufferspeicher. Überprüfen Sie den Druck regelmäßig, beispielsweise einmal im Monat. Bei zu niedrigem Druck muss Wasser über das Füllventil ergänzt werden. Bei der Eruierung des richtigen Drucks hilft Ihnen Ihr Installateur.

Ein zu geringer Druck könnte schwere Folgen haben, da Teile des Systems nicht durchströmt werden. Im Winter kann dadurch sogar die Gefahr des Einfrierens bestehen. Mit dieser einfachen Maßnahme können Sie selbst also die Lebensdauer Ihrer Anlage verlängern.

Nur durch regelmäßige Überprüfung und Anpassung von Vorlauftemperatur und Druck werden eine optimale Leistung und Zuverlässigkeit sichergestellt. Bei Unklarheiten sollten immer professionelle Installateure zu Rate gezogen werden.

Regelmäßige Wartung und Kontrolle

Eine regelmäßige Wartung ist nicht nur entscheidend, um den effizienten Betrieb sicherzustellen, sondern verlängert auch die

Lebensdauer ihres Systems. Die Wärmepumpe kann damit vor Beschädigungen geschützt werden.

Im Handbuch zu Ihrer Wärmepumpe werden Sie Empfehlungen finden, welche regelmäßigen Wartungsarbeiten Sie selbst durchführen können. Dazu zählt in vielen Fällen das monatliche Reinigen des Magnetfilters, um Verunreinigungen aus dem Wasserkreislauf zu entfernen oder das Achten auf ungewöhnliche Geräusche oder Stromschwankungen.

Energieeffizientes Stoßlüften ist ebenfalls wichtig, um die Wärme im Haus zu halten und der Bildung von Kondenswasser vorzubeugen. Wie Sie sehen, können Sie selbst durch einfache Maßnahmen dazu beitragen, dass Ihre Wärmepumpe störungsfrei arbeitet und kleinere Probleme früh erkannt werden. Bei frühzeitiger Behebung der Mängel kann die Wärmepumpe mit maximaler Effizienz arbeiten und dadurch Energiekosten sparen.

Achten Sie darauf, dass der Luftstrom um die Wärmepumpe nicht blockiert ist. Halten Sie die Umgebung der Wärmepumpe frei von Hindernissen wie Pflanzen, Möbeln oder anderen Gegenständen, die den Luftstrom behindern könnten. Dies gewährleistet eine effiziente Wärmeübertragung und verhindert Überhitzung.

Dennoch ist es wichtig, dass die Wärmepumpe regelmäßig von qualifizierten Fachleuten überprüft wird. Das Wartungsintervall beträgt je nach Wärmepumpenart zwischen ein und drei Jahren. Ihr Hersteller gibt Ihnen Auskunft darüber, wie oft Ihre Wärmepumpe gewartet werden sollte.

Viele Hersteller setzen die Einhaltung des Wartungsplans als Bedingung für ihre Garantieleistungen voraus. Bei einer Vernachlässigung der Wartung können folglich Garantieansprüche abgelehnt werden.

Welche Vorteile bringt die regelmäßige Wartung durch eine zertifizierte Fachkraft?

- Eine Verlängerung der Lebensdauer: Der Verschleiß von Bauteilen wird minimiert und potenzielle Schäden werden verhindert. Die Lebensdauer verlängert sich dadurch.
- Sicherheit: Nur durch eine regelmäßige Wartung kann sichergestellt werden, dass alle Komponenten richtig funktionieren. Dies ist besonders wichtig, da Wärmepumpen elektrisch betrieben werden.
- Energiesparen: Nur ein optimal funktionierendes Wärmepumpensystem verbraucht weniger Energie, um die gewünschte Heizleistung zu erbringen. Sie können sich nicht nur über niedrigere Energiekosten, sondern auch über einen geringeren ökologischen Fußabdruck freuen.
- Verhinderung von Ausfällen: Unerwartete Ausfälle können durch die Identifizierung und Behebung von Problemen vermieden werden. Vor allem im Winter ist das ein klarer Vorteil.
- Luftqualität: Staub und Allergene können durch regelmäßige Reinigung und Inspektion der Luftfilter und anderer luftführender Komponenten verbessert werden.

Lassen Sie also Ihre Wärmepumpe regelmäßig warten, um lange Freude daran zu haben.

Soll ich die Wärmepumpe über Nacht abschalten oder die Temperatur absenken?

Um die Effizienz Ihrer Wärmepumpe auch im Winter zu optimieren, sollte eine konstante Raumtemperatur eingestellt sein und diese so wenig wie möglich verändert werden. Die Heizungssteuerung erfolgt, wie bereits weiter oben erwähnt, witterungsbedingt. Durch die geringe Vorlauftemperatur der Wärmepumpe kommt es nach einer Abkühlung über Nacht zu einer längeren Aufheizphase am nächsten Morgen und damit einhergehend zu einem höheren Stromverbrauch. Wie beim Warmwasser dauert es eine gewisse Zeit, bis die Heizung wieder auf Betriebstemperatur ist. Meist verbraucht das Aus- und Einschalten mehr Energie, als wenn die Pumpe weiterläuft.

Da Wärmepumpen meistens in Kombination mit einer Fußbodenheizung installiert werden und die Fußbodenheizung aufgrund ihrer großen Fläche Wärme gut speichert, ist es nicht sinnvoll, diese über Nacht komplett abzuschalten, da in diesem Fall auch der Estrich erst wieder erhitzt werden muss. Außerdem kann sich die Gefahr der Schimmelbildung in diesen Räumen erhöhen.

Wie sieht es bei anderen Heizsystemen in Verbindung mit einer Wärmepumpe aus? Ebenfalls ist die komplette Nachtausschaltung wenig sinnvoll, da das Gebäude aufgrund der sinkenden Außentemperatur auskühlt und am nächsten Morgen ein erhöhter Energieaufwand nötig ist, um wieder Wärme im Haus zu haben.

Am effektivsten ist es, die Temperatur in der Nacht zu reduzieren. Die so genannte Nachtabsenkung ist eine verbreitete Lösung. Wie der Name sagt, wird die Raumtemperatur nachts zwar verringert – allerdings ohne die Pumpe komplett abzuschalten. Durch die Abkühlung der Räume tun Sie nicht nur Ihrer Schlafqualität etwas Gutes, sondern auch Ihrer Geldbörse.

Besitzen Sie ein energieeffizientes und gut isoliertes Haus, wird eine Nachtabsenkung nicht viel an der Raumtemperatur verändern. Wohnen Sie in einem Gebäude mit schlechter Isolierung, können Sie durch die Nachtabsenkung Ihre Heizkosten erheblich senken. Auch tagsüber kann das Prinzip der Nachtabsenkung angewandt werden. Sobald Sie ihre Vorlauftemperatur senken, heizen Sie nachhaltiger und Ihre Energiekosten sinken. Sind sie zum Beispiel tagsüber nicht zuhause, hat die Senkung der Vorlauftemperatur bis zu Ihrer Rückkehr keine Auswirkungen auf den Heiz- und Wohnkomfort. Sie müssen die Vorlauftemperatur dann lediglich wieder erhöhen.

Einstellung von Sommer- und Winterzeit

Die meisten Wärmepumpen sind mit einer automatischen Umschaltfunktion ausgestattet. Der Betriebsmodus ändert sich entsprechend der Außentemperatur. Die Umschaltung findet in der Übergangszeit automatisch oder durch ein Steuerungssystem statt.Im Sommerbetrieb wird die Heizfunktion abgestellt beziehungsweise bei entsprechender Ausstattung der Pumpe die Kühlfunktion angestellt. Auf die Warmwasserbereitung hat die Sommer- oder Winterzeit keinen Einfluss.

Dadurch wird der durchschnittliche Jahresenergiebedarf reduziert und der Stromverbrauch der Wärmepumpe gesenkt. Die Lebensdauer der Wärmepumpe erhöht sich mit der jahreszeitlich bedingten richtigen Einstellung ebenfalls.

Wann genau der richtige Zeitpunkt für die Umstellung ist, hängt vom energetischen Zustand des Gebäudes ab. In gut isolierten Niedrigenergiehäusern wird die Umstellung bei einer Außentemperatur von 11–14 Grad Celsius empfohlen, bei Passivhäusern reicht eine Umstellung sogar erst bei 10 Grad Celsius.

Wann sich ein Extra-Zähler lohnt

Ähnlich wie im Mobilfunkbereich bieten Stromanbieter im Energiebereich unterschiedliche Tarife an. So gibt es neben den Standardtarifen meist einen Doppelzählertarif mit Hoch- und Niedertarif (Tag und Nacht). Ein Wärmepumpenzähler misst den Stromverbrauch aus dem Netz des Energieversorgers.

Es gibt folgende zwei Stromzählerarten: Standard-Stromzähler/ Drehstromzähler und unterbrechbare Zähler.

Am Drehstromzähler sind standardmäßig Elektrogeräte, Heizungen und die Warmwasseraufbereitung angeschlossen.

Gibt es einen zweiten Stromzähler, handelt es sich in den meisten Fällen um einen unterbrechbaren Stromzähler, der von Seiten des Betreibers unterbrochen werden kann. Verwendung findet diese Variante oft als Nachtstromzähler oder, wie für unseren Fall interessant, als Wärmepumpenzähler. Ein Doppeltarifzähler bietet zusätzlich die Möglichkeit, einen Hoch- und einen Niedertarif über den Stromzähler zu beziehen. Es entstehen allerdings Extrakosten durch höhere Netzgebühren, Steuern und Verbrauchsabgaben. Strom, der über einen unterbrechbaren Zähler bezogen wird, wird am Energiemarkt als Heizstrom bezeichnet.

Wie findet man heraus, ob sich die Anschaffung eines Extra-Zählers lohnt? Vergleichen Sie die verschiedenen Anbieter. Stromanbieter bieten nur einen Komplettpreis für alle Stromzähler an. Sie können also nicht den Standard-Zähler über Stromanbieter A und den Wärmepumpenzähler über Stromanbieter B laufen lassen. Der Großteil der Stromverträge läuft über den Zeitraum von einem Jahr, mit der Inanspruchnahme von Wechselboni kann man durch regelmäßiges Wechseln zusätzlich Kosten sparen. In diesem Fall zahlt sich der Extra-Zähler aus.

Wie sieht die Situation aus, wenn man eine Photovoltaik-Anlage nutzt? Hier muss man ganz genau hinschauen und planen. Bei einer Photovoltaik-Anlage kommt es auf die Frage an, wie sich möglichst viel Solarstrom selbst verbrauchen lässt. Eine Wärmepumpe, die an einem separaten Stromkreis angeschlossen ist, lässt sich meist nicht von der Photovoltaik-Anlage einspeisen. Somit wird die Photovoltaik-Anlage den erzeugten Strom ins Netz einspeisen, sobald dieser im restlichen Haushalt nicht mehr verbraucht werden kann. Liefe alles auf einen Zähler, könnte das nicht passieren. Man muss hier also genau nachrechnen, da der Zählerabbau zwei Vorteile hat: Fixkosteneinsparung und die Möglichkeit, den zusätzlich erzeugten Strom auch im vollen Umfang nutzen zu können. Hat man eine leistungsstärkere Photovoltaik-Anlage, zahlt sich der Extra-Zähler nicht aus.

In jedem Fall lohnt sich eine individuelle Beratung vor der Entscheidung, ob man die Wärmepumpe über einen Extrazähler laufen lassen möchte.

Interview mit einem Wärmepumpen-Installateur

Als kleinen Bonus habe ich für Sie Herrn Franz G. interviewen dürfen. Als erfahrener Installateur im Bereich Wärmepumpen dürfen wir nicht nur aus seinem Wissens- sondern auch aus seinem Erfahrungsschatz schöpfen.

Seit wann sind Sie als Installateur tätig und wie viele Wärmepumpen haben Sie im Laufe der Jahre installiert?

Ich bin seit über 20 Jahren als Installateur in Bayern tätig, habe mich in den letzten Jahren intensiv zum Thema Wärmepumpeninstallation weitergebildet und habe in den letzten Jahren über 500 Wärmepumpen installiert.

Was sind Ihrer Meinung nach die größten Vorteile einer Wärmepumpe?

Energieeffizienz: Wärmepumpen nutzen Umweltenergie wie Luft, Wasser oder Erdwärme, um Wärme zu erzeugen, was im Vergleich zu herkömmlichen Heizsystemen eine hohe Energieeffizienz bietet.

Niedrigere Betriebskosten: Da Wärmepumpen weniger elektrische Energie benötigen, um Wärme zu erzeugen, führen sie oft zu niedrigeren Betriebskosten im Vergleich zu traditionellen Heizsystemen wie Öl- oder Gasheizungen. In Kombination mit einer Photovoltaik-Anlage können die Betriebskosten noch weiter reduziert werden.

Umweltfreundlichkeit: Wärmepumpen produzieren weniger CO_2-Emissionen als herkömmliche Heizsysteme, da sie keine fossilen Brennstoffe verbrennen. Sie tragen daher zur Reduzierung der Treibhausgasemissionen und zum Umweltschutz bei.

Vielseitigkeit: Wärmepumpen können nicht nur für die Raumheizung, sondern auch für die Warmwasserbereitung und in einigen Fällen sogar für die Kühlung verwendet werden, was ihre Vielseitigkeit erhöht.

Geringere Abhängigkeit von fossilen Brennstoffen: Da Wärmepumpen alternative Energiequellen nutzen, reduzieren sie die Abhängigkeit von fossilen Brennstoffen wie Öl oder Gas, deren Preise schwanken können.

In diesem Buch haben wir viel über die Vorteile von Wärmepumpen erfahren. Doch eine Münze hat immer zwei Seiten. Wie sieht es mit den Nachteilen aus?

Kosten: Die Anschaffungskosten für eine Wärmepumpe können höher sein als für herkömmliche Heizsysteme wie Gas- oder Ölheizungen. Dies bedeutet möglicherweise zu Beginn eine größere finanzielle Investition.

Abhängigkeit von Umweltbedingungen: Die Effizienz einer Wärmepumpe hängt von den Umweltbedingungen ab, insbesondere von der Temperatur. Luft-Wasser-Wärmepumpen sind beispielsweise weniger effizient bei sehr kalten Temperaturen, während Sole-Wasser-Wärmepumpen konstanteren Bedingungen unterliegen.

Platzbedarf: Einige Arten von Wärmepumpen, insbesondere Sole-Wasser-Wärmepumpen, erfordern viel Platz für die Installation von Erdkollektoren oder Tiefenbohrungen.

Dies kann ein Hindernis sein, insbesondere für Häuser mit begrenztem Platz.

Lärmpegel: Einige Wärmepumpen können während des Betriebs Geräusche erzeugen, besonders die Außengeräte von Luft-Wasser-Wärmepumpen. Dies kann in Wohngebieten störend sein und erfordert möglicherweise besondere Rücksicht bei der Platzierung.

Strom wird immer teurer. Sollte ich dann wirkliwch eine Wärmepumpe, welche mit Strom betrieben wird, anschaffen? Erspart man sich damit tatsächlich Kosten?

Es ist richtig, dass die Betriebskosten einer Wärmepumpe stark von den Strompreisen abhängen, da Wärmepumpen elektrische Energie nutzen, um Wärme zu erzeugen. In Regionen, in denen Strom teuer ist, kann dies ein wichtiger Faktor bei der Entscheidung für eine Wärmepumpe sein, aber die Integration von Photovoltaik kann eine wichtige Rolle bei der Reduzierung der Betriebskosten einer Wärmepumpe spielen.

Worauf muss man beim Kauf besonders achten und welche Tipps können Sie uns geben?

Energieeffizienz: Achten Sie auf den COP (Coefficient of Performance) der Wärmepumpe, der angibt, wie effizient das Gerät arbeitet. Ein höherer COP bedeutet eine bessere Energieeffizienz und niedrigere Betriebskosten.

Dimensionierung: Stellen Sie sicher, dass die Wärmepumpe richtig dimensioniert ist, um den Wärmebedarf Ihres Hauses zu decken. Eine zu kleine Wärmepumpe kann ineffizient arbeiten und eine zu große Wärmepumpe kann zu unnötig hohen Anschaffungskosten führen.

Kompatibilität mit vorhandenen Systemen: Wenn Sie eine Wärmepumpe als Ersatz für ein bestehendes Heizsystem installieren, stellen Sie sicher, dass die Wärmepumpe mit Ihrem vorhandenen Heizungssystem und den Heizungskomponenten kompatibel ist.

Finanzielle Anreize: Informieren Sie sich über staatliche oder lokale Förderprogramme, Steuervergünstigungen oder andere finanzielle Anreize, die den Kauf und die Installation einer Wärmepumpe unterstützen. Diese können die Anschaffungskosten reduzieren und den finanziellen Nutzen erhöhen.

Gibt es auch Fälle, wo Sie von einer Wärmepumpe abraten? Wenn ja, würden wir gern ein wenig mehr darüber erfahren.

Ja, es gibt einige Situationen, in denen ich von der Installation einer Wärmepumpe abraten würde. Hier sind einige mögliche Szenarien:

Mangelnde Energieeffizienz: In Gebieten mit extrem niedrigen Temperaturen oder sehr hohen Heizlasten kann eine Wärmepumpe möglicherweise nicht effizient genug arbeiten, um den Wärmebedarf des Hauses zu decken. In solchen Fällen kann ein alternatives Heizsystem wie eine Gas- oder Ölheizung wirtschaftlicher sein.

Schlechte Isolierung: Wenn Ihr Haus nicht ausreichend isoliert ist, kann dies die Leistung einer Wärmepumpe beeinträchtigen und zu höheren Betriebskosten führen. Es ist wichtig sicherzustellen, dass Ihr Zuhause gut isoliert ist, bevor Sie eine Wärmepumpe installieren.

Begrenzter Platz: Wenn Sie über begrenzten Platz für die Installation einer Wärmepumpe verfügen, kann dies die Auswahl an geeigneten Modellen einschränken. Sole-Wasser-Wärmepumpen

erfordern beispielsweise Platz für Erdkollektoren oder Tiefenbohrungen, während Luft-Wasser-Wärmepumpen Platz im Freien
für das Außengerät benötigen.

Hohe Installationskosten: Die Anschaffungs- und Installationskosten einer Wärmepumpe können in einigen Fällen sehr hoch
sein, insbesondere bei komplexen Installationen wie Sole-Wasser-Wärmepumpen. Wenn die finanziellen Kosten zu hoch sind
und die erwarteten Einsparungen nicht ausreichen, um dies auszugleichen, kann es ratsam sein, alternative Heizsysteme in Betracht zu ziehen.

*Mir ist mein ökologischer Fußabdruck sehr wichtig. Kältemittel
(ausgenommen Propan) haben keine allzu gute Umweltbilanz.
Kann ich denn wirklich guten Gewissens eine Wärmepumpe
kaufen, welche ohne Propan betrieben wird?*

Moderne Wärmepumpen verwenden häufig fluorierte Kältemittel wie R410A oder R32. Obwohl diese Kältemittel potenziell ne-
gative Auswirkungen auf die Umwelt haben, sind sie im Vergleich
zu älteren Kältemitteln wie R22 viel umweltfreundlicher und haben einen geringeren Einfluss auf den Treibhauseffekt.

Darüber hinaus gibt es zunehmend Bemühungen, umweltfreundlichere Kältemittel zu entwickeln und zu verwenden, die einen
noch geringeren Einfluss auf die Umwelt haben. Ein Beispiel hierfür ist das natürliche Kältemittel R290 (Propan), das einen sehr
geringen Treibhauseffekt hat.

*Kann man bei der Wärmepumpe, welche mit einem F-Gas-Kälte-
mittel befüllt wird, ein propanhaltiges Kältemittel verwenden?*

Die Verwendung eines anderen Kältemittels als dem vom Hersteller angegebenen ist nicht empfehlenswert und kann gefährlich

sein. Jedes Kältemittel hat spezifische Eigenschaften, die sich auf die Leistung und Sicherheit der Wärmepumpe auswirken. Wenn ein Hersteller ein bestimmtes Kältemittel für die Verwendung in seiner Wärmepumpe vorschreibt, sollte dieses Kältemittel aus Gründen der Sicherheit und der Gewährleistung der Garantie beibehalten werden.

Nutzen Sie persönlich ebenfalls eine Wärmepumpe? Wenn ja, welche und warum haben Sie sich für diese entschieden?

Ich habe mich für eine Luft-Wasser-Wärmepumpe entschieden, da sie einfach in meine bestehende Gasheizung integrierbar war und die Investitionskosten überschaubar waren.

Exklusives Bonusmaterial

Erhalten Sie kostenlosen Zugang zu über zwei Stunden fesselndem Videomaterial! Ein interaktives Erlebnis, welches das Buch zum Leben erweckt und Ihnen vertiefte Einblicke in die Themen bietet. Scannen Sie folgenden QR-Code, um sofortigen Zugang zu erhalten und Ihre Leseerfahrung zu bereichern:

Haftungsausschluss

Die Umsetzung aller enthaltenen Informationen, Anleitungen und Strategien dieses Buchs erfolgt auf eigenes Risiko. Für etwaige Schäden jeglicher Art kann der Autor aus keinem Rechtsgrund eine Haftung übernehmen. Für Schäden materieller oder ideeller Art, die durch die Nutzung oder Nichtnutzung der Informationen bzw. durch die Nutzung fehlerhafter und/oder unvollständiger Informationen verursacht wurden, sind Haftungsansprüche gegen den Autor grundsätzlich ausgeschlossen. Ausgeschlossen sind daher auch jegliche Rechts- und Schadensersatzansprüche. Dieses Werk wurde mit größter Sorgfalt nach bestem Wissen und Gewissen erarbeitet und niedergeschrieben. Für die Aktualität, Vollständigkeit und Qualität der Informationen übernimmt der Autor jedoch keinerlei Gewähr. Auch können Druckfehler und Falschinformationen nicht vollständig ausgeschlossen werden. Die Bilder stammen von der Homepage www.pixabay.com und es handelt sich um lizenzfreie Fotos. Für fehlerhafte Angaben vom Autor kann keine juristische Verantwortung sowie Haftung in irgendeiner Form übernommen werden.

Urheberrecht

Alle Inhalte dieses Werkes sowie Informationen, Strategien und Tipps sind urheberrechtlich geschützt. Alle Rechte sind vorbehalten. Jeglicher Nachdruck oder jegliche Reproduktion – auch nur auszugsweise – in irgendeiner Form wie Fotokopie oder ähnlichen Verfahren, Einspeicherung, Verarbeitung, Vervielfältigung und Verbreitung mit Hilfe von elektronischen Systemen jeglicher Art (gesamt oder nur auszugsweise) ist ohne ausdrückliche schriftliche Genehmigung des Autors strengstens untersagt. Alle Übersetzungsrechte vorbehalten. Die Inhalte dürfen keinesfalls veröffentlicht werden. Bei Missachtung behält sich der Autor rechtliche Schritte vor.

Impressum

© Thomas Pichler

2024

1. Auflage

Alle Rechte vorbehalten.

Nachdruck, auch in Auszügen, nicht gestattet.

Kein Teil dieses Werkes darf ohne schriftliche Genehmigung des Autors in irgendeiner Form reproduziert, vervielfältigt oder verbreitet werden.

Kontakt: Belinda Derflinger & Roland Andres, Auergütlweg 10, 4030 Linz, Österreich

Kontaktaufnahme: rbm.publishing@gmx.at

FSC
www.fsc.org
MIX
Papier | Fördert
gute Waldnutzung
FSC® C083411

Zeitfracht Medien GmbH
Ferdinand-Jühlke-Straße 7
99095 Erfurt, Deutschland
produktsicherheit@kolibri360.de